大展好書　好書大展
品嘗好書　冠群可期

大展好書　好書大展
品嘗好書　冠群可期

體育教材：18

墊上功能性組合訓練

李建臣　周建梅　譚正則　主編

附DVD

大展出版社有限公司

編委會名單
LIST

● **主　編**

　　李建臣（首都體育學院）

　　周建梅（首都體育學院）

　　譚正則（首都體育學院）

● **副主編**

　　文世林（首都體育學院）

　　龐　博（首都體育學院）

　　張曉萌（北京教育科學研究院舊宮實驗小學）

　　任　越（首都體育學院）

● **編　委**

　　王丹彤（河北師範大學）

　　王新寶（江西師範大學）

　　白廣娜（北京市豐台區草橋小學）

　　朱　軍（北京市朝陽區西直河小學）

　　劉明燦（中國民航大學）

　　劉彧秀（首都體育學院研究生）

　　閆　娟（首都體育學院研究生）

李文冰（海口經濟學院）

李幸幸（浙江育英職業技術學院）

李娜娜（首都體育學院研究生）

宋杰峰（首都體育學院研究生）

楊　陽（首都體育學院研究生）

肖歡歡（洛陽職業技術學院）

何瑞華（首都體育學院研究生）

張　凱（首都體育學院本科生）

趙　夢（北京市朝陽區第十六中學）

姚雅美（天津市第五十五中學）

徐　翔（北京市公安局特警總隊）

高芳瑞（首都體育學院研究生）

常麗超（首都體育學院研究生）

梁　瑛（江蘇大學）

溫燕子（北京市第九中學）

前 言
FOREWORD

　　墊上功能性組合訓練作為運動功能性訓練中一種特殊的訓練，能有效地將神經系統和肌肉骨骼系統聯繫起來，突出神經系統對肌肉骨骼系統的控制，加強神經系統對其他系統的支配。

　　透過拉展緊張的肌肉、增強無力肌肉的肌力和改善全身的健康狀況來重新訓練身體，使身體更好地適應各種運動，對神經系統控制動作的完成起到積極促進作用。

　　其簡便性、實用性和有效性已得到業內人士的充分肯定和讚譽，並且業已展露在國外競技訓練、康復治療和大眾健身等領域。

　　近年來，墊上功能性組合訓練作為現代運動功能性訓練的重要組成部分被引入國內，但我國大多數教練員對墊上功能性組合訓練的認識尚處於初級階段。

　　顯然墊上功能性組合訓練在我國運動訓練領域還是一個有待深入研究的課題。由於國內系統介紹專門性墊上功能性組合訓練方法和手段的資料較少，而且指導視頻也相對匱乏，因此在各個領域中的應用需求尚未得到滿足。

　　本書設計了多種利用墊子開展的實用、高效、易學的體能訓練方法和手段，為廣大讀者介紹墊上功能性組合訓練的基本原理和體能訓練基礎知識，以圖文並茂的形式介紹各種練習的

目的、方法和要求，希望能在體育教學、運動訓練、大眾健身等領域得以參考與應用。

本書由李建臣、周建梅和張曉萌（北京教科院舊宮實驗小學）對全書進行了統一串編定稿，由譚正則設計、構思了示範動作。

由於作者水準有限，書中難免存在不足之處，歡迎廣大讀者批評指正。

編　者

目 錄
CONTENTS

理論篇
墊上組合訓練概述

墊上功能性組合訓練是將神經系統、肌肉骨骼系統聯繫起來的一種綜合訓練手段，突出了神經系統對肌肉骨骼系統的控制，也加強了神經系統對其他系統的支配，透過伸展緊張的肌肉、增強無力的肌肉和改善全身心的健康狀況來重新訓練身體，建立一種新的身體運動模式，使身體更好地適應各種運動，從而對神經系統控制下動作的完成起到了積極促進的作用。

墊上功能性組合訓練是一種新的功能性體能訓練方法，在運動訓練中逐漸受到了運動員和教練員的青睞，隨著功能性體能訓練的發展，在各類人群中得到了認可。它在田徑運動中，對發展肢體協調、核心柱穩定、動作平衡起到了重要的作用，有效地預防了運動員的傷病並提高了運動員的運動成績。

墊上功能性組合訓練不僅對田徑運動有著良好的作用，實踐證明在其他運動中也起到了積極有效的作用。

一 墊上功能性組合訓練的理論基礎

1. 墊上功能性組合訓練的生理學基礎分析

墊上功能性組合訓練是透過不斷地變換肢體的姿勢，尋找平衡穩定的一個過程，人體在運動過程中受到外力以及自身的影響時，自身的重心會不斷地移動變化，由肌肉收縮和伸張產生的內力控制動作軌跡，維持運動時身體的姿勢並尋找平衡點，這是神經對肌肉支配的一個過程，一個人的身體是一個相互聯繫、相互作用的運動的鏈條，在完成某個動作模式時，人體必須透過神經調節來保持身體的穩定性以及關節運動的靈活性，從而達到神經系統對身體運動的控制。

本體感受器指位於肌肉、肌腱和關節內的感受器，感受身體在空間運動和位置的變更，向中樞提供訊息，以此調控肌肉維持人體

穩定性；前庭器官是人體對自身運動狀態和頭在空間位置的感受器，對維持身體的平衡和穩定性起到了至關重要的作用。

在墊上功能性組合訓練中，每塊骨骼上附著的肌肉都會有固定的位置來維持機體的平衡，在平衡過程中發揮著重要的作用，肌肉間透過神經系統將人體肌肉、骨骼等聯繫成為一個訊息共享的系統，從而實現動作完美的表現以及預防運動損傷的發生。

2. 墊上功能性組合訓練的解剖學基礎分析

墊上功能性組合訓練由大肌群率先發力帶動小肌群的用力，深層刺激小肌肉群，適應運動需要來募集足夠的肌肉參與運動。

從解剖學意義上來說，人體有 3 個互相垂直的基本面和 3 個基本軸，人體的每個面、每個軸都參與運動，此訓練手段將圍繞著身體的基本面、基本軸展開運動訓練，以達到訓練目的。

人體的主要關節活動是所有運動的基礎，骨骼系統作為身體的主要結構，支撐和保護著整個身體，為身體運動提供槓桿結構。肌肉系統的主要作用是穩定關節、保持身體的姿勢，藉助骨骼槓桿，產生活動、產生熱能，為運動提供能量支持，這些主要的系統是墊上功能性組合訓練的解剖學基礎。

3. 墊上功能性組合訓練的生物力學基礎分析

從運動生物力學上來講，人體無論在什麼條件下運動，日常生活中簡單的活動也好，競技運動也好，都離不開強有力的肌肉支持，也離不開核心柱穩定性的保障，核心柱的作用主要表現在肌肉收縮的起動、運動過程中的協調及保持機體重心穩定和身體平衡方面，因此在此功能性訓練中，核心區的鍛鍊是重中之重，並且強調軀幹的支柱作用。

人體是由多個環節組成的，各個環節鏈接成一個完整的運動鏈，在運動過程中，力作用在運動鏈上，人體的核心區域正處在運

動鏈的樞紐環節，其對機體的技術動作和力量的傳遞起著至關重要的作用，因此，充分發揮核心柱的穩定性和平衡性十分關鍵，墊上功能性組合訓練對該區域的全面訓練和相關能力的訓練帶來了極大的幫助。

4. 墊上技術動作形成過程

一個完整的技術動作是由單個動作及其要素特殊關聯構成，由於動作技能具有遷移性，單個動作的要素間存在各式各樣的聯繫，隨著練習次數的增加，相關的神經突觸反覆應用，刺激閾值逐漸降低，這樣，運動員掌握的運動技能就越多，熟練程度就越高，運動員在運動中動作模式越準確，運動技能越高，從而機體在運動中競技能力或運動能力就提高。

墊上功能性組合訓練方法中包含著各種各樣的動作訓練，可透過強化性的練習，達到動作模式自動化的程度。

二 墊上功能性組合訓練的功能與作用

1. 防止運動損傷，鍛鍊運動機能，提高青少年的體質健康

墊上功能性組合訓練是一種回歸人體本身的練習，現在人的生活方式已經有悖於人體的發展，青少年長時間地趴在書桌上學習、工作人員長時間伏案辦公、對著電腦工作、駕駛以及運動員長時間不正常的訓練，導致了肩部僵硬、圓肩、脊柱彎曲、核心部位肌肉鬆弛、腰傷膝傷等一系列運動損傷的出現和核心肌肉發展失衡造成的各種代償性損傷的出現。

墊上功能性組合訓練的模式將身體核心部位的訓練貫穿於其中，能夠很好地幫助緩解過度緊張的肌肉壓力，收緊鬆弛的肌肉，協調和柔韌身體，減少各種代償，減除疲勞引起的腰痠背痛，預防

腰部疼痛的發生，回歸人體自然的本體發展，注重身體肌肉和機能的訓練，訓練神經調節控制，使全身的運動機能和內在的系統都能得到鍛鍊。

而青少年身體的發展特點很容易在不正確的生活習慣中形成各種健康問題，因此，墊上功能性組合訓練將是解決這些問題的良好手段。

2. 發展運動員的各項身體素質，提高核心柱的穩定性

所有運動者、運動員都希望在體育鍛鍊中表現出好的運動狀態，達到好的訓練效果，這需要對自己的身體進行有效的素質訓練。對運動員比賽成績起著關鍵作用的素質包括一般素質和專項素質，這是運動中制勝的關鍵，墊上功能性組合訓練可以根據需要變換訓練手段，從而滿足運動員的運動需要。

而平衡性和協調穩定性在運動員整個身體的運動鏈中發揮著重要的基礎作用，運動員能否充分地發揮運動水準，取決於身體的協調及平衡穩定在運動鏈中的協調能力，核心柱不穩定會造成大量的能量洩漏和技術代價，墊上功能性組合訓練是在不穩定的狀態下尋找平衡點，以達到身體各項素質的訓練，尤其是對核心柱的穩定性訓練起到了至關重要的作用。

3. 肌肉再生與運動康復

在運動之前透過墊上功能性組合訓練，對肌肉進行再生訓練，刺激肌肉活性，為準備活動中的牽伸練習做準備，從而達到充分的準備活動，為運動與訓練做良好的鋪墊，進而防止運動損傷。

運動員的損傷是不能夠完全靠自然康復就達到康復效果的，而運動過程中又擔心或多或少地會對肌肉造成損傷。

充分的休息是必不可少的，但是有效的功能訓練不僅能夠促進嚴重運動傷病的康復、運動能力的再生，並且不會導致傷病的加重

和二次損傷的出現，利用墊上功能性組合訓練進行康復，能夠促進損傷部位的組織重建，加速已有損傷的恢復，又有助於保持各器官系統的良好功能狀態，實現功能恢復甚至超過原來的運動能力，能較快地參加正常的體育鍛鍊或競技比賽。

4. 與其他訓練手段相結合提高訓練效果與興趣

運動員在運動過程中長時間地重複一種運動動作練習，很容易在心理上產生疲勞，從而引起神經疲勞，而墊上功能性組合訓練適用於各類不同的人群，它可以與其他訓練器材完美地組合來達到訓練者的訓練目的。

墊上功能性組合訓練能夠有效地激發人們參與體育運動的興趣，降低體育鍛鍊的枯燥乏味感，防止神經疲勞的產生。墊上功能性組合訓練與啞鈴、彈力帶、瑞士球、實心球以及其他器械組合訓練，能夠更好地達到訓練效果。

三 墊上功能性組合訓練的原則

1. 神經控制肌肉能力培養的原則

很多時候，人們在運動中無法真正地掌控自己的身體，不能很好地主導自己身體的運動，而此時所說的控制，就是在整個動作練習中我們的大腦和神經系統能夠募集到足夠的肌肉，保持正確的動作、動力鏈排列和適當的力量來適應人體的運動。

在墊上功能性組合運動的每一個動作都需要意識來控制運動和力量，從而鍛鍊了神經對肌肉和骨骼的支配，進而完美地完成動作，達到運動的目的。

2. 專注能力培養的原則

任何運動都需要注意力集中，注意力不集中是運動損傷發生的一個主要原因。在練習當中，集中注意力才能調動身體和所練習的動作匹配，只有專注才能讓意識影響運動，從而改變生長發育、運動或訓練中肌肉和骨骼的錯誤排列。

改變身體的感覺，達到神經對肌肉的良好支配，只有在訓練過程中強調專注能力，才能培養並提高專注能力。

3. 多樣化訓練手段應用

協調和穩定性是由大腦皮質控制的，單一的動作模式很容易使人產生疲勞，並且進入到神經疲勞的階段。神經一旦疲勞就很難得到很好的恢復，積極和趣味的訓練手段可以避免練習者產生厭倦的情緒，保證練習的效果。

在練習中加入趣味的練習方法，可激發練習者的興趣，達到緩解運動訓練中的神經疲勞，保障訓練有序有效地進行。

4. 強調技術動作正確性原則

技術就是動作，只有正確的動作才能保障運動在訓練過程中發揮良好的技術，從而達到訓練所需要的效果，在練習中，應注重練習的質量而不是數量。

教練員應在現場全程指導，透過語言、動作等提示來要求練習者，保證練習對神經肌肉系統的刺激效率，正確的技術動作是達到訓練效果和防止運動損傷的前提。

5. 循序漸進和適時恢復原則

循序漸進原則的應用要靈活多變，是訓練動作由易到難，數量由少至多，強度由小到大逐漸遞增的過程，由單一動作過渡到復合

動作，循序漸進保證動作的合理完成，達到訓練效果。

適時恢復原則是在練習當中安排適宜間隔時間，及時消除練習者訓練中的疲勞，從而使訓練效果得到積累。

四 墊上功能性組合訓練和傳統的體能訓練的區別

墊上功能性組合訓練的目的在於適應現代生活，造就健康機體，預防運動損傷，這種功能性組合訓練不僅可以強化肌肉、骨骼和關節的靈活性與穩定性，它還靈活多樣化，兼顧力量、協調和平衡能力的發展。

墊上功能性組合訓練結合了一般素質和專項素質，從真正意義上服務於身體的運動。它特別強調多關節與多方位，回歸自然、回歸本體感覺的訓練，有完整的動力鏈和動作模式，使身體更少地出現技術代償，從而達到訓練的最優化或身體發育的最優化，可以服務於青少年乃至各年齡段人群和運動員。

而傳統的體能訓練追求的是某塊肌肉的力量和體積，以單關節和單肌肉群參與為主，忽略了運動的本質在於整個人體的運動和整個系統的參與。傳統體能訓練強調大負荷運動，忽略了神經系統對人體的支配，是造成技術代償及運動損傷的根本原因。

熱身篇
熱力拉伸

1. 跪立頸部前屈

1

2

3

圖 2-1　跪立頸部前屈

【動作方法】跪立於墊子上，雙腿併攏，上體直立，目視前方，左手自然置於體側，右手放於頭上，慢慢地將頭壓向胸部，直至後頸有拉伸感，保持 15～20 秒，換另一側練習。

重複練習 3～5 組。（圖 2-1）

【練習肌肉】夾肌、斜方肌。

【注意事項】避免頭壓得太低。

2. 跪立頸部拉伸

1

2

3

圖 2-2　跪立頸部拉伸

【動作方法】跪立於墊子上，雙腿併攏，上體直立，目視前方，左手自然置於體側，右手抓握左耳，拉動頸部向右，保持15～20秒，換另一側練習。

重複練習 3～5 組。(圖 2-2)

【練習肌肉】斜方肌、肩胛提肌、夾肌。

【注意事項】上體保持直立，不要聳肩，下顎微收。

3. 跪立肩部拉伸

1　　　　　　　　　2

3

圖 2-3　跪立肩部拉伸

【**動作方法**】跪立於墊子上，雙腿併攏，上體直立，目視前方，右手臂橫過胸前，並與地面保持平行，用左手臂把右手肘往左側的肩膀拉近，保持 5～10 秒，換另一側練習。

重複練習 3～5 組。（圖 2-3）

【**練習肌肉**】斜方肌、菱形肌、背闊肌、後三角肌。

【**注意事項**】手臂不要彎曲，與地面保持平行。

4. 跪立肩側拉伸

1

2

3

4

圖 2-4　跪立肩側拉伸

【動作方法】跪立於墊子上，雙腿併攏，上體直立，目視前方，右手經頭後部拉住左臂肘部，持續地將肘拉向頭部，直至手臂下面有拉伸感，保持 15～20 秒，換另一側練習。

重複練習 3～5 組。（圖 2-4）

【練習肌肉】肱三頭肌、岡下肌、大圓肌、小圓肌。

【注意事項】上體保持直立。

5. 跪立上臂拉伸

1

2

3

圖 2-5　跪立上臂拉伸

【動作方法】跪立於墊子上，上體保持直立，雙腿打開與髖同寬，雙手置於背後十指交握，下顎微收，目視前方，肩胛骨用力向內收，手臂向後向上抬高，保持 20～30 秒。

重複練習 3～5 組。（圖 2-5）

【練習肌肉】前三角肌、肱三頭肌、肱肌。

【注意事項】手臂往上抬時，身體不要過分地前傾，注意不要塌腰，收緊腹部。

6. 側腰的伸展

1   2

3

圖 2-6　側腰的伸展

【動作方法】跪立在墊子上，上體保持直立，雙腿打開與肩同
寬，雙手臂高舉過頭頂，十指交握翻轉掌根向上，目視前方，將髖
部向左側推送，上半身向身體的右側傾斜，感受側腰的拉伸與延
展，保持 20～30 秒，換另一側練習。

重複練習 3～5 組。（圖 2-6）

【練習肌內】腹外斜肌、腹內斜肌、胸大肌、胸小肌、豎脊肌。

【注意事項】保持身體直立，髖部擺正，手臂向斜上方拉伸，
手臂內側需觸碰雙耳。

7. 跪立肘支撐後坐顫動

圖 2-7　跪立肘支撐後坐顫動拉伸

【動作方法】跪立於墊子上，雙腿打開與肩同寬，臀部盡量靠近腳後跟，目視前方，兩肘支撐，手心朝下。用腰部的力量前後顫動，保持 20～30 秒，身體前移，利用手臂的力量將身體推立起來，肩膀向下沉，抬頭目視前方，保持 15～20 秒。

重複練習 3～5 組。（圖 2-7）

【練習肌肉】豎脊肌、臀大肌、臀中肌、背闊肌、菱形肌。

【注意事項】頸部保持伸直，雙手小手指側觸地，肩部、腰部盡量打開。

8. 膝肘支撐後坐顫動

1

2

3

圖 2-8　膝肘支撐後坐顫動拉伸

【動作方法】跪立於墊子上，雙腿盡量打開膝關節觸墊，臀部盡量靠近腳後跟，目視前方，兩肘支撐盡量前伸，用腰部的力量前後顫動，保持 20～30 秒，身體前伸手支撐撐起，頸部平直，保持 15 秒。

重複練習 3～5 組。（圖 2-8）

【練習肌肉】豎脊肌、臀中肌。

【注意事項】手支撐時，腰部盡量放鬆。

9. 仰臥側擺腰部旋轉

1

2

3

4

圖 2-9　仰臥側擺腰部旋轉

【動作方法】仰臥於墊子上，兩腿屈膝併攏，兩手側平舉，大腿與小腿、髖部與大腿之間夾角約 90°，做連續左右轉膝 15～20次。

重複練習 3～5 組。（圖 2-9）

【練習肌肉】髂腰肌、腹直肌、腹外斜肌、腹內斜肌、臀大肌、臀中肌。

【注意事項】兩膝做最大傾斜時，上肢保持不動。

10. 單膝跪地髖關節拉伸

1

2

圖 2-10　單膝跪地髖關節拉伸

【動作方法】左膝跪於墊子上，右腿成弓步約 90°，上體直立，兩手叉腰，目視前方，向前移動身體的重心，帶動髖關節拉伸直至個人最大限度，保持 15～20 秒，換另一側練習。

重複練習 3～5 組。（圖 2-10）

【練習肌肉】臀大肌、臀中肌、臀小肌、髂腰肌、闊筋膜張肌、股直肌。

【注意事項】動作時身體保持正直，髖關節矢狀面平行。

11. 單膝跪地大腿拉伸

1

2

圖 2-11　單膝跪地大腿拉伸

【動作方法】左膝跪於墊子上，右腳體前腳跟觸地，兩手掐腰，目視前方，左腿伸直上體前傾，臀部後移至有拉伸感，保持15～20秒，換另一側練習。

重複練習 3～5 組。（圖 2-11）

【練習肌肉】股二頭肌、髂肌、髂腰肌、股直肌。

【注意事項】肩膀和頸部肌肉保持放鬆，腳尖朝上。

12. 單膝跪地腳支撐轉體拉伸

1

2

3

圖 2-12　單膝跪地腳支撐轉體拉伸

【動作方法】左膝跪於墊子上，右腳體前腳跟觸地，兩手叉腰，目視前方，左腿伸直上體左側轉體 90°下壓，保持 15～20秒，換另一側練習。

重複練習 3～5 組。（圖 2-12）

【練習肌肉】股二頭肌、股外側肌、半腱肌。

【注意事項】左腿保持伸直，腳尖朝上。

13. 單膝跪地腳側支撐拉伸

1

2

3

圖 2-13　單膝跪地腳側支撐拉伸

　　【**動作方法**】右膝跪於墊子上，左腳體側腳觸地，腳尖朝前，腳心朝下，目視前方，腿伸直上體伸直，兩手觸地，臀部下壓，保持 15～20 秒，換另一側練習。

　　重複練習 3 組。（圖 2-13）

　　【**練習肌肉**】大腿內側肌肉。

　　【**注意事項**】左腿保持伸直，腳尖朝前。

14. 單膝跪撐手握腳背牽伸

1　　　　　　　　　2

3

圖 2-14　單膝跪撐手握腳背牽伸

【動作方法】左膝跪於墊子上，右腿成弓步，上體直立，右手扶膝，目視前方，左手握住左腳背，將腳尖朝臀部方向拉伸，直至大腿前肌群有拉伸感為止，保持 15～20 秒，換另一側練習。

重複練習 3 組。（圖 2-14）

【練習肌肉】股直肌、股外側肌、股內側肌、長收肌、髂腰肌。

【注意事項】保持身體正直。

15. 直臂俯臥三點支撐

1   2

圖 2-15　直臂俯臥三點支撐

【動作方法】俯臥於墊上，雙手與左腳尖觸地，身體與地面保持平行，雙手分開與肩同寬，左腳置於右腿膝處，支撐後踩，拉伸小腿後群肌肉，保持 15～20 秒，換另一側練習。

重複練習 3 組。（圖 2-15）

【練習肌肉】比目魚肌、腓骨肌、腓腸肌、脛骨前肌、股直肌、股外側肌。

【注意事項】膝蓋和脊柱不要彎曲。

實踐篇
墊上功能組合訓練

一、核心力量訓練

1. 仰臥起坐

1

2

3

圖 3-1　仰臥起坐

【動作方法】仰臥於墊上，兩腿屈膝，雙手十字交叉放於頭後，做仰臥起坐，慢慢恢復至原始位置，每組 15～20 個。

重複練習 3～5 組。（圖 3-1）

【練習肌肉】腹直肌、腹內斜肌、外斜肌、腹橫肌。

【注意事項】雙腿併攏。

2. 直臂直腿仰臥起坐

圖 3-2　直臂直腿仰臥起坐

【**動作方法**】仰臥於墊上，兩腿直腿併攏，腳尖朝上，雙臂向頭上伸直，雙腿保持不動，抬起雙臂和上體，彎曲身體，直至兩手碰到雙腳，慢慢恢復至原始位置，每組 15～20 個。

重複練習 3～5 組。（圖 3-2）

【**練習肌肉**】腹直肌、腹內斜肌、外斜肌、腹橫肌、腰方肌、闊筋膜張肌、臀大肌、臀中肌、臀小肌、股直肌。

【**注意事項**】雙腿併攏，上體盡量保持正直。

3. 仰臥交叉腿起坐

1　　　　　　　　　　　　2

3

圖 3-3　仰臥交叉腿起坐

　　【動作方法】仰臥於墊上，兩腿屈膝抬起，小腿與地面平行，雙手放於腦後，上體抬起，使右肘碰觸左膝蓋，右腿伸直，緩慢恢復到原位，換另一側練習。

　　重複練習 3～5 組。（圖 3-3）

　　【練習肌肉】腹直肌、腹內斜肌、外斜肌、腹橫肌、股直肌、股內側肌、縫匠肌、闊筋膜張肌。

　　【注意事項】脖頸伸直，臀部保持穩定。

4. 仰臥屈膝抬手起

1

2

圖 3-4　仰臥屈膝抬手起

【**動作方法**】仰臥於墊上，兩腿略離開墊子，頭、頸、肩離地，兩手臂與地面平行，屈膝。雙腿向上抬起，上體抬起兩臂前伸，指向腳踝方向，保持 10～15 秒，腿部伸直，上體下躺，慢慢恢復到原始位置。

重複練習 3～5 組。（圖 3-4）

【**練習肌肉**】腹直肌、腹內斜肌、外斜肌、腹橫肌、闊筋膜張肌、股直肌、股內側肌、梨狀肌、髂肌。

【**注意事項**】臀部保持穩定。

5.「V」型仰臥起坐

1

2

圖 3-5 「V」型仰臥起坐

【動作方法】仰臥於墊上，兩腿抬起與地面夾角約 45°，雙臂向頭上伸直，做仰臥起坐，手伸向腳的方向，並盡量接近腳後，慢慢恢復到原始位置。

重複練習 3～5 組。（圖 3-5）

【練習肌肉】腹直肌、闊筋膜張肌、股直肌、股內側肌、股外側肌。

【注意事項】頸部伸直放鬆，保持身體穩定。

6. 側臥兩頭起

1

2

圖 3-6　側臥兩頭起

【動作方法】右側臥於墊上，右手放於腦後，左手放在大腿上側，收緊腹部，雙腳抬起離地，抬起頭部，肩部和腳同時向上靠近後，恢復到原始位置。

重複練習 3～5 組。（圖 3-6）

【練習肌肉】腹直肌、腹橫肌、外斜肌、腹內斜肌。

【注意事項】抬腿的同時腹部收緊。

7. 坐撐旋轉腿

1

2

3

圖 3-7　坐撐旋轉腿

【動作方法】坐立於墊子上，兩手體後支撐身體，指尖朝前，雙腿併攏抬起約 45°，雙腿向身體右側旋轉畫圈，保持 15～20秒，恢復到原始位置，換另一方向練習。

重複練習 3～5 組。（圖 3-7）

【練習肌肉】闊筋膜張肌、股直肌、股外側肌、臀大肌、臀中肌、縫匠肌、股內側肌、長收肌。

【注意事項】移動過程中兩腿伸直。

8. 跪立側俯身抬腿前擺

1

2

圖 3-8　跪立側俯身抬腿前擺

【動作方法】跪立於墊子上，右腿向體側伸直，左腿大腿挺直與臀部成一條直線，雙手放在頭後，打開雙肘，身體緩慢傾斜約 45°，右腿抬起離開地面約與臀部同高，穩定後前擺約 45°，保持 15～20 秒，恢復到原始位置，換另一方向練習。

重複練習 3～5 組。（圖 3-8）

【練習肌肉】腹直肌、腹橫肌、外斜肌、長收肌、髂腰肌、髂肌、股直肌、臀大肌、股二頭肌、股外側肌。

【注意事項】動作過程中上體保持一條直線，腿保持伸直。

9. 跪立側支撐踢腿

1

2

3

圖 3-9　跪立側支撐踢腿

【動作方法】跪立於墊子上，左手體側支撐於墊上，指尖朝外，右手放於頭後，右腿伸直抬起離開地面約與臀部同高，右腳勾腳尖向前踢出約 45°，保持 15～20 秒向身後伸，繃腳尖保持 15～20 秒，恢復到原始位置，換另一方向練習。

重複練習 3～5 組。（圖 3-9）

【練習肌肉】腹直肌、腹橫肌、外斜肌、髂肌、髂腰肌、闊筋膜張肌、股直肌、臀大肌、長收肌、縫匠肌。

【注意事項】頸、肩、臀保持在同一直線上。

10. 跪撐側抬腿

1

2

圖 3-10　跪撐側抬腿

【**動作方法**】跪立於墊子上，兩手直臂做前支撐，臀部保持不動，抬起右膝向身體右側直至不能抬起，保持 15～20 秒，恢復到原始位置，換另一方向練習。

重複練習 3～5 組。（圖 3-10）

【**練習肌肉**】腹直肌、腹內斜肌、外斜肌、腹橫肌、臀大肌、臀中肌、闊筋膜張肌。

【**注意事項**】動作時保持臀部不動。

11. 握拳直臂仰臥起坐

1

2

3

圖 3-11 握拳直臂仰臥起坐

【動作方法】仰臥於墊上，兩手握拳直臂於髖關節前，兩膝屈膝腳尖朝前，無支撐做仰臥起坐，持續 15～20 秒。

重複練習 3～5 組。（圖 3-11）

【練習肌肉】腹直肌、腹橫肌、腹外斜肌、闊筋膜張肌。

【注意事項】仰臥起坐過程中上身不要全部接觸墊子。

12. 青蛙動作

1

2

圖 3-12　青蛙動作

【動作方法】仰臥於墊子上，雙臂展開，雙腿併攏，穩定後做雙臂抱膝曲腿運動，持續 15～20 秒。

重複練習 3～5 組。（圖 3-12）

【練習肌肉】腹直肌、腹橫肌、腹外斜肌、闊筋膜張肌、股直肌、股外側肌。

【注意事項】雙腿併攏，身體緊張。

13. 交叉腿仰臥起坐摸對側前方

1

2

3

圖 3-13　交叉腿仰臥起坐摸對側前方

【動作方法】仰臥於墊上，雙腿小腿盤叉，雙手抱頭，做仰臥起坐，當身體起來後，一手摸對側前方，兩手交替持續練習 15～20 秒。

重複練習 3～5 組。（圖 3-13）

【練習肌肉】腹直肌、腹橫肌、腹外斜肌、闊筋膜張肌、背闊肌、臀大肌、斜方肌、豎脊肌。

【注意事項】頭部與身體保持正直。

14. 剪式打腿練習

1

2

3

圖 3-14　剪式打腿練習

　　【**動作方法**】仰臥於墊上，雙手自然置於體側，兩腳勾腳尖，兩腿伸直，右腳踢出約 60°，左腳盡量抬起，兩腿交替持續練習 15～20 秒。

　　重複練習 3～5 組。（圖 3-14）

　　【**練習肌肉**】腹直肌、腹橫肌、腹外斜肌、闊筋膜張肌、股直肌、股外側肌、半腱肌、半膜肌、臀大肌。

　　【**注意事項**】雙腿盡量繃直。

15.「V」型上滾

1

2

3

4

圖 3-15 「V」型上滾

【動作方法】仰臥於墊上，兩腿併攏，雙手上舉對著正上方，仰臥起坐雙手觸摸到腳尖，躺回去，後背碰到墊子的時候腿抬起，然後做兩頭起動作，持續練習 15～20 秒。

重複練習 3～5 組。（圖 3-15）

【練習肌肉】腹直肌、腹內斜肌、股二頭肌、股外側肌、背闊肌。

【注意事項】手上舉不要超過頭部。

16. 爬腿起坐練習

1

2

圖 3-16　爬腿起坐練習

　　【動作方法】仰臥於墊上，左腳的腳後跟貼緊臀部，兩手自然
放於體側，右腳向上伸直，雙手爬到右腳腳尖，保持穩定，持續做
5～10 個，換另一方向練習。

　　重複練習 3～5 組。（圖 3-16）

　　【練習肌肉】腹直肌、腹內斜肌、股二頭肌、股外側肌、背闊
肌、縫匠肌、內收長肌。

　　【注意事項】被爬腿伸直，手摸到腳尖。

17. 上體扭轉扣地運動

1　　　　　　　　　　　　2

3　　　　　　　　　　　　4

圖 3-17　上體扭轉扣地運動

【動作方法】坐於墊上，雙手體前十字交叉緊握住，雙腿曲腿抬起，以臀部為支撐，身體扭轉並緊握的雙手扣地，左右交換 30次。

重複練習 3～5 組。（圖 3-17）

【練習肌肉】腹直肌、腹內斜肌、股二頭肌、股外側肌、背闊肌、縫匠肌、內收長肌。

【注意事項】每次扭轉都要扣地，腳不要觸地。

18. 俯臥直臂抬腿

1

2

3

圖 3-18　俯臥直臂抬腿

【動作方法】俯臥於墊上，兩手直臂支撐身體，左腿直立腳尖著地，右腳向前屈膝腳尖著地，穩定後，右腿向後伸直，身體向後移動，使右腿、髖、肩在同一條直線上，保持 15～20 秒，換另一側練習。

重複練習 3～5 組。（圖 3-18）

【練習肌肉】腹直肌、腹橫肌、縫匠肌、外斜肌、股直肌、脛骨前肌。

【注意事項】觸地手和腳保持觸地點不動。

19. 雙人扭轉提腿

1   2

3   4

圖 3-19　雙人扭轉提腿

　　【動作方法】仰臥於墊上，雙手握住站立同伴的雙腳，雙腳併攏向同伴胸部豎起，同伴將腳向左右推動，動作中控制雙腿不要觸地，持續做 15～20 個，慢慢恢復至原始位置。

　　重複練習 3～5 組。（圖 3-19）

　　【練習肌肉】腹直肌、腹斜肌、髂腰肌。

　　【注意事項】腹部用力，避免雙腿觸地。

20. 反向彎舉

1

2

3

圖 3-20　反向彎舉

【動作方法】兩人前後站立，前者慢慢後仰，兩手抓住頭頂處同伴的腳踝，後者扶住前者的腰背，保持 5～10 秒。

重複 3～5 組。（圖 3-20）

【練習肌肉】腹直肌、腹外斜肌、臀大肌、臀小肌、臀中肌、背闊肌、斜方肌。

【注意事項】動作過程中保持雙腿屈膝。

二、核心穩定性訓練

1. 仰臥交叉抬腿

1

2

3

4

圖 3-21　仰臥交叉抬腿

【動作方法】仰臥於墊上，雙腿屈膝，腳心朝下，雙手放於髖骨處，收腹，向上抬臀，右腿抬起直至膝蓋到達最高點，保持10～15秒，緩慢恢復到原位，換另一側練習。

重複練習 3～5 組。（圖 3-21）

【練習肌肉】腹直肌、股直肌、闊筋膜張肌、臀大肌、腹橫肌、腹內斜肌。

【注意事項】動作時收腹，臀部保持不動。

2. 曲臂俯臥三點支撐

1

2

3

圖 3-22　曲臂俯臥三點支撐

【動作方法】俯臥於墊上，兩手曲臂撐地，兩腳尖撐地，背與兩腿保持伸直在同一平面，右腿慢慢抬起，保持 10～15 秒，緩慢恢復到原位，換另一側練習。

重複練習 3～5 組。（圖 3-22）

【練習肌肉】胸大肌、腹直肌、背闊肌、股直肌、股外側肌、闊筋膜張肌、脛骨前肌、腓骨肌。

3. 跪式直背支撐

1   2

3

圖 3-23　跪式直背支撐

【動作方法】跪立於墊上，背部伸直，兩膝分開與肩同寬，兩臂緊貼於身體兩側，身體後仰，直至無法後仰，保持 5～10 秒，緩慢恢復到原位。

重複練習 3～5 組。（圖 3-23）

【練習肌肉】腹直肌、股直肌、大收肌、股中間肌、股內側肌、闊筋膜張肌、臀大肌。

【注意事項】動作過程中，收緊臀部，身體保持伸直。

4. 俯地直臂抬腿支撐

1   2

3

圖 3-24　俯地直臂抬腿支撐練習

【動作方法】俯地於墊上，雙手雙腳支撐，慢慢地抬起相反的手臂和大腿，身體平穩不動，保持 15～20 秒，緩慢恢復到原位，換另一側練習。

重複練習 3～5 組。（圖 3-24）

【練習肌肉】臀大肌、股二頭肌、臀中肌、三角肌、大收肌、腹直肌。

【注意事項】動作緩慢平穩。

實踐篇｜墊上功能組合訓練

5. 側臥單手支撐擺腿

1

2

3

4

圖 3-25　側臥單手支撐擺腿練習

【動作方法】左側臥於墊上，用左手掌撐住上體，右臂放於右腿上，左腳外側觸地作為支撐，用髖關節的力量使腳跟、臀部、頭部形成一條直線，將右側腿前擺約 60°，保持 5～10 秒，緩慢恢復到擺前位置後恢復至原位，換另一側練習。

重複練習 3～5 組。（圖 3-25）

【練習肌肉】腹直肌、腹內斜肌、外斜肌、大收肌、臀大肌、股直肌、胸大肌、三角肌、肱二頭肌、肱三頭肌。

6. 仰臥背橋抬腿外擺

1

2

3

4

5

圖 3-26　仰臥背橋抬腿外擺練習

【動作方法】仰臥於墊上，兩臂自然放於身體兩側，雙腿屈膝，抬起臀部，使肩、髖、膝在同一直線上，右腿膝關節不動向上抬起使大腿與髖成約 90°，外擺至於身體水平，保持 15～20 秒，緩慢恢復到原位，換另一側練習。

重複練習 3～5 組。（圖 3-26）

【練習肌肉】股內側肌、股直肌、長收肌、腹直肌、臀大肌、臀中肌、髂腰肌、股中間肌。

【注意事項】臀部與軀幹保持伸直，動作時膝關節不要超過腳尖。

7. 仰臥手支撐提臀

1

2

3

圖 3-27　仰臥手支撐提臀

　　【動作方法】坐於墊子上，兩腿平行腳尖朝上，雙手兩側撐地，手指朝前，手臂用力將臀部抬起，使肩、髖、膝、踝成一條直線，保持 5～10 秒，緩慢恢復到原位，換另一側練習。

　　重複練習 3～5 組。（圖 3-27）

　　【練習肌肉】臀大肌、股直肌、股二頭肌、腹直肌、外斜肌、背闊肌、三角肌。

　　【注意事項】動作過程之中，髖關節保持抬起狀態。

8. 仰臥抱膝舉腿

1

2

3

4

圖 3-28　仰臥抱膝舉腿

【動作方法】仰臥於墊上，兩臂自然放置於身體兩側，兩腿屈膝抬起，使小腿水平，大腿與髖約 90°，兩腿伸直，右腿向下，左腿向上，同時雙手握住左腿小腿，保持伸直狀態 5～15 秒，緩慢恢復到原位，換另一側練習。

重複練習 3～5 組。（圖 3-28）

【練習肌肉】股二頭肌、股直肌、闊筋膜張肌、腹直肌、外斜肌、三角肌。

【注意事項】雙腿儘可能伸直。

實踐篇｜墊上功能組合訓練

9. 俯臥游泳

1　　　　2　　　　3　　　　4

圖 3-29　俯臥遊泳

【動作方法】俯臥於墊上，雙腿分開與肩同寬，手臂前伸緊貼耳際，同時抬起左臂和右腿進行打水動作，保持 15～20 秒，緩慢恢復到原位。

重複練習 3～5 組。（圖 3-29）

【練習肌肉】臀大肌、股二頭肌、豎脊肌、腰方肌、菱形肌、背闊肌。

【注意事項】動作過程中上體儘可能地抬起。

10. 側臥舉腿

1

2

3

4

圖 3-30　側臥舉腿練習

【動作方法】左側臥於墊子上，左膝彎曲，右腿伸直，放在左腿上，左臂彎曲支撐上體，右手放在腰際，用肘關節和膝關節的力量使髖和肩、頭形成一條直線，抬起右腿做向上舉腿動作，保持15～20秒，緩慢恢復到原位，換另一側練習。

重複練習 3～5 組。（圖 3-30）

【練習肌肉】腹直肌、腹內斜肌、外斜肌、髂腰肌、長收肌、臀大肌、臀中肌、股直肌、腰方肌。

11. 側臥撐接屈腿外展

1　　　　　　　2　　　　　　　3

4　　　　　　　　5

圖 3-31　側臥撐接屈腿外展

【動作方法】左側臥於墊上，用左屈肘支撐身體，右手叉腰，兩腿伸直，右腿放於左腿上，慢慢向上頂起髖，成肘腳支撐，向前屈膝呈外展動作，保持 15～20 秒，緩慢恢復到原位，換另一側練習。

重複練習 3～5 組。（圖 3-31）

【練習肌肉】腹直肌、腹內斜肌、外斜肌、大收肌、臀大肌、股直肌、胸大肌、三角肌、肱二頭肌、肱三頭肌、股內側肌、髂腰肌、股中間肌。

【注意事項】上體保持正直，保持穩定。

12. 俯臥對側兩點對接

1   2

3   4

圖 3-32　俯臥對側兩點對接練習

【動作方法】俯臥於墊上，雙手雙腳支撐，慢慢地抬起相反的
手臂和大腿，使肘和膝對接，身體平穩不動保持 15～20 秒，緩慢
恢復到原位，換另一側練習。

重複練習 3～5 組。（圖 3-32）

【練習肌肉】三角肌、腹內斜肌、內收大肌、腹直肌、臀大
肌、股直肌、股二頭肌、闊筋膜張肌。

【注意事項】軀幹伸直，髖軸平行，保持穩定。

13. 俯臥同側兩點對接

1   2

3   4

圖 3-33　俯臥同側兩點對接練習

【動作方法】俯臥於墊上，雙手雙腳支撐，慢慢地抬起同側的手臂和大腿，使肘和膝對接，身體平穩不動保持 15～20 秒，緩慢放下，換另一側練習。

重複練習 3～5 組。（圖 3-33）

【練習肌肉】三角肌、腹內斜肌、內收大肌、腹直肌、臀大肌、股直肌、股二頭肌、闊筋膜張肌。

【注意事項】軀幹伸直，髖軸平行，保持穩定。

14. 核心柱穩定旋轉

1   2

3

圖 3-34　核心柱穩定旋轉練習

【動作方法】坐於墊上，上體直立，兩腿伸直略分開，兩手側平舉，上體右轉至最大限度，身體平穩不動保持 15～20 秒，換另一側練習。

重複練習 3～5 組。（圖 3-34）

【練習肌肉】股直肌、闊筋膜張肌、內收長肌、腹直肌、腹外斜肌、腹橫肌。

【注意事項】軀幹正直，臀部緊貼墊子。

15. 弓步支撐

1

2

3

4

圖 3-35　弓步支撐練習

【動作方法】站立於墊上，右腳向前邁出，蹲下，兩手放置於右腳兩側，左腿向後移動，保持兩腿與臀部在一條直線上，保持15～20秒，換另一側練習。

重複練習 3～5 組。（圖 3-35）

【練習肌肉】股直肌、髂腰肌、脛骨後肌、腓腸肌、大收肌、長收肌、股二頭肌。

【注意事項】避免後腿膝蓋觸地。

16. 仰臥曲腿擺動

1

2

3

圖 3-36 仰臥曲腿擺動練習

【**動作方法**】仰臥於墊上，兩臂微屈上舉，兩腿屈膝抬起，兩腿勾腳尖做相對與相向運動，兩小腿平行，保持 15～20 秒。

重複練習 3～5 組。（圖 3-36）

【**練習肌肉**】股直肌、腹直肌、腹橫肌、內收大肌、內收長肌、股二頭肌。

【**注意事項**】收腹，軀幹保持穩定。

17. 動態俯地挺身

圖 3-37　動態俯地挺身練習

【**動作方法**】俯臥於墊上，手腳觸地將身體撐起，做俯地挺身的時候兩腳分別左右移動，身體保持平直。每組 5～10 個。

重複練習 3～5 組。（圖 3-37）

【**練習肌肉**】三角肌、胸大肌、斜方肌、腹直肌、背闊肌、股直肌、臀大肌、腓腸肌。

【**注意事項**】身體保持平直。

三、靈活類訓練

1. 倒騎腳踏車

1

2

3

4

圖 3-38　倒騎腳踏車練習

【動作方法】仰臥於墊上，雙腿慢慢上舉，軀幹抬離墊子，肘支撐，手掌支撐住臀部，使雙腿伸直，雙腿輪換做腳踏車狀，持續15～20秒，緩慢恢復至原始位置，換逆向做腳踏車狀。

重複練習 3～5 組。（圖 3-38）

【練習肌肉】股二頭肌、股直肌、腹直肌、腹橫肌、背闊肌、斜方肌。

【注意事項】腰腹用力，保持穩定。

2. 背橋舉腿下擺

1

2

3

4

圖 3-39　背橋舉腿下擺練習

【動作方法】仰臥於墊上，兩腿屈膝，與肩同寬，抬高臀部，肘支撐，手掌支撐住臀部，右腿向上伸直，緩慢下降至膝蓋高度位置，保持 15～20 秒，換另一側練習。

重複練習 3～5 組。（圖 3-39）

【練習肌肉】臀大肌、臀中肌、腰方肌、闊筋膜張肌、腹直肌、腹橫肌、股二頭肌。

【注意事項】頸部放鬆，保持肩、髖、膝在同一直線上。

3. 側臥前後踢腿

1

2

3

圖 3-40　側臥前後踢腿

【動作方法】側臥於墊上，右肘與左手觸墊支撐，兩腿伸直，頂髖使肩、髖、踝在一條直線上。右腿抬起與臀同高，腳尖朝前，伸腿向前踢腿至最大幅度後向後伸展，持續 15～20 秒，換另一側練習。

重複練習 3～5 組。（圖 3-40）

【練習肌肉】臀大肌、臀中肌、臀小肌、股直肌、股二頭肌、股內側肌、腹橫肌、腹內斜肌。

【注意事項】腿伸直，身體保持穩定。

4. 側臥腿轉圈

1

2

3
4

圖 3-41　側臥腿轉圈

【動作方法】側臥於墊上，右臂觸墊支撐頭部，左手放於體前支撐，兩腿伸直，頂髖使肩、髖、踝在一條直線上。右腿抬起與臀同高，腳尖朝前，以髖關節為軸畫小圈，持續 15～20 秒，換另一側練習。

重複練習 3～5 組。（圖 3-41）

【練習肌肉】髂腰肌、恥骨肌、縫匠肌、闊筋膜張肌、股直肌。

【注意事項】兩腿保持伸直。

5. 仰臥雙腿圓錐擺

1　　　　　　　　2　　　　　　　　3

4　　　　　　　　5

圖 3-42　仰臥雙腿圓錐擺

【動作方法】仰臥於墊上，兩腿向上伸直，兩臂自然放於體側，兩腿做圓錐擺，持續 15～20 秒，換另一方向練習。

重複練習 3～5 組。（圖 3-42）

【練習肌肉】股直肌、髂腰肌、臀大肌、腹橫肌、腹內斜肌、闊筋膜張肌、縫匠肌、髂肌。

【注意事項】圓錐直徑不宜過大，保持穩定。

6. 仰臥單腿伸直

1

2

圖 3-43　仰臥單腿伸直

【動作方法】仰臥於墊上，兩腿伸直，腳尖朝上，右腿向上伸直，雙手握住右腳踝，並向上體方向拉伸，左腿保持伸直，可略離開墊子，保持 15～20 秒，換另一方向練習。

重複練習 3～5 組。（圖 3-43）

【練習肌肉】臀大肌、大腿後肌群、腰背肌。

【注意事項】動作過程中，頭背部及異側腿始終緊貼於地面。

7. 坐撐直臂扭轉

1

2

3

圖 3-44　坐撐直臂扭轉

【動作方法】坐於墊子上，兩腿伸直約 60°，上體直立，兩臂側平舉，向右轉體，左手向左腳外側下壓，右手臂向後伸展，保持10～15 秒，換另一方向練習。

重複練習 3～5 組。（圖 3-44）

【練習肌肉】背闊肌、腹直肌、臀大肌、臀中肌、股二頭肌、三角肌、大圓肌、闊筋膜張肌。

【注意事項】臀部始終不離開墊子。

8. 兩頭交換上抬

1

2

3

圖 3-45　兩頭交換上抬

【動作方法】俯臥於墊上，兩腿併攏，腳背朝下，腳尖朝後，兩臂前舉，掌心朝下，兩腿盡量向上抬高，保持 5～10 秒，恢復至原始位置，兩臂與胸部盡量抬起，掌心相對，保持 5～10 秒，恢復至原始位置。

重複練習 3～5 組。（圖 3-45）

【練習肌肉】斜方肌、背闊肌、三角肌、臀大肌、股二頭肌、內收大肌、比目魚肌、股外側肌、腹直肌、腹橫肌。

【注意事項】兩手臂高過頭頂。

9. 側扭支撐上舉臂

1

2

圖 3-46　側扭支撐上舉臂

【**動作方法**】右臀坐於墊上，右手體側撐地，膝蓋向前，兩腿微曲，左腿置於右腿上，左臂伸直放於左腿上，頂髖同時伸直左腿並左臂上舉貼於耳際，保持 5～10 秒，恢復至原始位置，換另一側練習。

重複練習 3～5 組。（圖 3-46）

【**練習肌肉**】腹直肌、腹橫肌、腹內斜肌、背闊肌。

【**注意事項**】手臂向上盡量延伸。

10. 俯臥直臂墊上跑蹬

1

2

3

圖 3-47　俯臥直臂墊上跑蹬

【動作方法】俯臥於墊上，兩臂伸直與肩同寬，兩手掌撐地，兩腳前腳掌撐地，背部挺直，進行墊上跑蹬 15～20 秒。

重複練習 3～5 組。（圖 3-47）

【練習肌肉】臀大肌、臀中肌、闊筋膜張肌、股二頭肌、股直肌、內收大肌、腓腸肌、腹直肌、腹外斜肌、腰方肌。

【注意事項】跑蹬時，保持跑的動作正確。

11. 屈臂跪式單腿擺動

1　　　　　　　　　　　　　2

3

圖 3-48　屈臂跪式單腿擺動

【動作方法】兩膝跪地，兩肘撐地，背伸直，右腿向後伸直抬起與身體平行，穩定後向右擺動約 60°～ 90°，保持5～10 秒，恢復至原始位置，換另一側練習。

重複練習 3～5 組。（圖 3-48）

【練習肌肉】臀大肌、臀中肌、闊筋膜張肌、股二頭肌、股直肌、內收大肌。

【注意事項】髖軸保持不動。

12. 展肩後飛鳥

1

2

圖 3-49　展肩後飛鳥

【動作方法】俯臥於墊上，雙腿伸直，兩臂前伸，四指併攏，大拇指朝上，直臂向身體兩側，移動過程中由掌心相對變為掌心朝下，大拇指朝前，繼續運動到體側直至不能繼續，移動過程中由掌心朝下變為掌心相背，大拇指朝下，肩外擴，保持 5～10 秒，恢復至原始位置。

重複練習 3～5 組。（圖 3-49）

【練習肌肉】肩胛肌、胸大肌、菱形肌、腹直肌、腹內斜肌。

【注意事項】動作變化過程中，注意手的變化方向，肌肉保持緊張。

13. 坐撐下肢外擺

1

2

圖 3-50　坐撐下肢外擺

　　【動作方法】坐於墊上，雙手體側支撐，屈左腿貼於臀部，右腿繃直略離開墊子，腳背繃直向外擺動，持續 15～20 秒，換另一側練習。

　　重複練習 3～5 組。（圖 3-50）

　　【練習肌內】股直肌、股外側闊筋膜張肌、臀大肌、臀中肌、股二頭肌、腓腸肌、腹直肌、腹外斜肌、髂腰肌。

　　【注意事項】擺動腿盡量繃直。

14. 側臥擺腿

1

2

圖 3-51　側臥擺腿

【**動作方法**】右側臥於墊子上，右小臂支撐，右腿伸直，左腿繞過右腿屈腿放於左腿前，左手握住左小腿，右腳背繃直做向上擺動 15 次，換另一側練習。

重複練習 3～5 組。（圖 3-51）

【**練習肌肉**】股直肌、股外側闊筋膜張肌、臀大肌、股二頭肌。

【**注意事項**】上體保持一條直線。

15. 俯臥肘支撐後交叉腿

1

2

圖 3-52　俯臥肘支撐後交叉腿

【動作方法】俯臥於墊上，兩手分開，肘關節支撐，背部保持正直，腳尖著地，兩腿後交叉，持續 15～20 次。

重複練習 3～5 組。（圖 3-52）

【練習肌肉】腹直肌、腹外斜肌、腹內斜肌、髂腰肌、臀大肌、股二頭肌。

【注意事項】腹部和髖部保持緊張，兩手保持平衡。

16. 單臂側支撐轉體

1

2

圖 3-53　單臂側支撐轉體

【動作方法】側臥於墊上，右手直臂撐地，左手側上舉，右腳外側觸地，左腿置於右腿之上，身體保持一條直線，利用背部力量支撐轉體，兩側交替進行 15～20 次。

重複練習 3～5 組。（圖 3-53）

【練習肌肉】背闊肌、豎脊肌、臀大肌、臀中肌、股二頭肌、三角肌。

【注意事項】兩腿保持固定，臀部保持平衡。

17. 單腿支撐頂髖

1

2

圖 3-54　單腿支撐頂髖

【動作方法】仰臥於墊上，兩臂自然放於體側支撐，左腿屈膝右腿上舉，用髖關節向上頂髖，持續 15～20 次，換另一側練習。重複練習 3～5 組。（圖 3-54）

【練習肌肉】背闊肌、腰方肌、腹直肌、腹橫肌、臀大肌、臀中肌、股二頭肌、股直肌。

【注意事項】頂髖後保持肩、髖、膝在同一直線上。

18. 雙人仰臥蹬伸

1

2

3

4

5

圖 3-55　雙人仰臥蹬伸

【動作方法】兩人仰臥於墊上，上體抬起，兩臂自然放於體側，一人雙腿伸直，另一人雙腿屈膝，雙腳相對，屈膝人緩慢蹬伸另一人的雙腿，直至最大幅度，保持 5～10 秒，兩人交替進行。

重複練習 3～5 組。（圖 3-55）

【練習肌肉】股二頭肌、股四頭肌。

【注意事項】動作過程中雙方都施力，效果更好。

19. 雙人仰臥腿交替蹬伸

1

2

圖 3-56　雙人仰臥腿交替蹬伸

【動作方法】兩人仰臥於墊上，上體抬起，四腳相對，兩手放於體側保持上體抬起姿勢，做兩腳交替蹬伸，持續 15～20 秒。

重複 3～5 組。（圖 3-56）

【練習肌肉】股二頭肌、股四頭肌、縫匠肌、髂腰肌、臀大肌、臀小肌、臀中肌。

【注意事項】一人腿伸直時，另一人對抗著收腿。

20. 雙人背靠起身

1

2

圖 3-57　雙人背靠起身

【動作方法】兩人背對背坐於墊上，雙腿屈膝，兩腳撐地，雙臂體側挽起，雙人用對抗的力量將兩人推起。

重複 3～5 組。（圖 3-57）

【練習肌肉】股二頭肌、股四頭肌、縫匠肌、髂腰肌、臀大肌、臀小肌、臀中肌。

【注意事項】兩人同時用力。

四、柔韌類訓練

1.單腿背部拉伸

1

2

圖 3-58　單腿背部拉伸

【動作方法】坐於墊子上，左腿向前伸直，左腳尖回勾，右腿屈膝回收，右腳抵住左大腿內側，身體向前摺疊，手臂抓住腳踝（或腳掌），身體盡量向下，堅持 15～20 秒，換另一側練習。

重複練習 3～5 組。（圖 3-58）

【練習肌肉】股二頭肌、內收長肌、內收大肌、股外側肌、臀大肌、臀中肌、腓腸肌、比目魚肌。

【注意事項】膝蓋伸直，脊柱盡量向前延伸。

2. 分腿拉伸

1

2

圖 3-59　分腿拉伸

【動作方法】坐於墊子上，雙腿向兩側分開，到達極限位置，腳尖朝上，上體慢慢地向前向下，在極限位置上堅持 15～20 秒，恢復至原始位置。

重複練習 3～5 組。（圖 3-59）

【練習肌肉】股內側肌、股二頭肌、內收長肌、內收大肌、臀大肌、腰方肌、背闊肌。

【注意事項】膝蓋伸直，腳尖朝上。

3. 跪姿側彎

1

2

圖 3-60　跪姿側彎

【動作方法】跪立於墊上，先將右腿向側伸直，左手臂向上伸展，再將身體向右側彎，堅持 10～15 秒，軀幹立直，右腿回收，做反方向練習。（圖 3-60）

【練習肌肉】股二頭肌、三角肌、腹橫肌、腹直肌、腹外斜肌、腹內斜肌、豎脊肌、背闊肌。

【注意事項】軀幹面向正前方，髖部向前保持端正。

4. 跪立背弓練習

1   2

3

圖 3-61　跪立背弓練習

【動作方法】跪立於墊上，雙膝併攏，雙手放於臀部的上方，將髖部前推，上體慢慢地後彎，雙手依次去抓握腳踝，堅持 10～15 秒，雙手依次回收到髖部。（圖 3-61）

【練習肌肉】闊筋膜張肌、三角肌、肱三頭肌、髂腰肌、腰方肌、背闊肌、股直肌、股二頭肌。

【注意事項】髖部前推，大腿要與地面垂直。

5. 坐姿肩部拉伸

1

2

圖 3-62　坐姿肩部拉伸

【動作方法】坐於墊上，兩腿伸直，腳尖朝上，手臂伸直放於體後最大限度，手指朝後，身體向後傾斜，保持 15～20 秒。

重複練習 3～5 組。（圖 3-62）

【練習肌肉】胸大肌、胸小肌、三角肌、肱二頭肌、背闊肌。

【注意事項】身體保持穩定。

6. 坐姿髖部拉伸

圖 3-63　坐姿髖部拉伸

【動作方法】坐於墊上，雙腿屈膝回收，雙腳掌心相對，雙手握住腳掌，將雙腳盡量地向身體的方向回收，將手肘支撐在膝蓋上，身體慢慢前傾，手肘慢慢下壓膝蓋，向下到極限位置，堅持10～15秒，慢慢立起身體，腿伸直放鬆。（圖3-63）

【練習肌肉】股後肌群、臀中肌、臀小肌。

【注意事項】循序漸進，不可過分用力。

7. 坐姿側彎

1

2

3

4

圖 3-64　坐姿側彎

【動作方法】盤坐在墊子上，雙手交叉放於腦後，脊背立直向上，用右手肘去觸碰右膝，堅持 10～15 秒，慢慢立直軀幹，做反方向練習。（圖 3-64）

【練習肌肉】腹外斜肌、腹內斜肌、股外側肌。

【注意事項】軀幹面向正前方，不可拱背塌腰。

實踐篇｜墊上功能組合訓練

8. 前傾髖韌帶拉伸

1　　　　　　　　　　　　　2

3

圖 3-65　前傾髖韌帶拉伸

【動作方法】左右腿前後開立站於墊上，右腿下放，腿部前方貼於墊子上，左腿屈膝放於體前，小腿外側貼於墊子上，大小腿夾角 90°，腳尖朝前，髖關節擺正，雙手放於體前，上體前傾貼於墊子上，保持 5 秒，左右換腿，動作相同。（圖 3-65）

【練習肌肉】臀大肌、臀中肌、臀小肌、股二頭肌、內收大肌、股直肌、股外側肌、腹橫肌、腹外斜肌。

【注意事項】身體保持正直，髖關節朝前。

9. 直臂側彎拉伸

1

2

圖 3-66　直臂側彎拉伸

【動作方法】坐於墊上，兩腿分開，右腿伸直，左腿彎曲，腳背貼地，左手抓住右腳，手臂伸直，上身伸直，右手臂用力拉伸側腰韌帶，保持 20～25 秒，換另一側練習。

　　重複練習 3～5 組。（圖 3-66）

【練習肌肉】股二頭肌、內收大肌、背闊肌、腰方肌、腹外斜肌。

【注意事項】兩腿盡量打開。

10. 側臥髖膝拉伸

1

2

圖 3-67　側臥髖膝拉伸

【動作方法】側臥於墊上，頭枕於右手臂上，右腿伸直，左腿屈膝，左手抓住左踝，向後拉伸，同時髖部向前頂；保持 20～25 秒，換另一側練習。

重複練習 3～5 組。（圖 3-67）

【練習肌肉】臀中肌、股直肌、腰肌、臀大肌。

【注意事項】髖關節、膝關節力度適宜。

11. 俯臥後展腿

1

2

圖 3-68　俯臥後展腿

【動作方法】俯臥於墊上，兩手側平舉，掌心朝下，兩腿併攏腳背伸直，右腿抬起轉向相反方向約 90°，手臂位置保持不變，保持 20～25 秒，換另一側練習。

重複練習 3～5 組。（圖 3-68）

【練習肌肉】腹直肌、腹橫肌、腹外斜肌、腰方肌、背闊肌、闊筋膜張肌、股二頭肌、股直肌、內收大肌、內收長肌。

【注意事項】上體盡量貼地。

12. 俯臥手腳牽拉

1　　　　　　　　　　2

3

圖 3-69　俯臥手腳牽拉

【**動作方法**】俯臥於墊上，左腿屈膝，右腿伸直，右手抓住左腳踝，左手向前伸展，右手拉伸左腿向上抬起，上體和下肢同時抬起，保持 10～15 秒，換另一側練習。

重複練習 3～5 組。（圖 3-69）

【**練習肌肉**】臀大肌、臀中肌、臀小肌、股二頭肌、內收大肌、內收長肌、大圓肌、肱三頭肌、三角肌、腹直肌、腹橫肌、腹外斜肌。

【**注意事項**】保持身體平衡。

13. 弓式拉伸

1

2

圖 3-70　弓式拉伸

【**動作方法**】俯臥於墊上，兩腿屈膝，兩手抓住腳踝，兩手拉伸兩腿向上抬起，上體和下肢同時抬起，保持 10～15 秒。

重複練習 3～5 組。（圖 3-70）

【**練習肌肉**】股直肌、股二頭肌、內收大肌、內收長肌、腹直肌、腹橫肌、腹外斜肌、闊筋膜張肌、背闊肌、腰方肌。

【**注意事項**】保持身體平衡，拉伸範圍適當。

14. 俯臥單腿牽拉

1

2

圖 3-71　俯臥單腿牽拉

【動作方法】俯臥於墊上，兩臂自然放於體側，兩腿伸直，左腳繃直抬起，左手抓住左腳踝，上體抬起用力與腿對抗，保持 10～15 秒，換另一側練習。

重複練習 3～5 組。（圖 3-71）

【練習肌肉】腹直肌、腹橫肌、腹外斜肌、股二頭肌、股直肌、股外側肌、闊筋膜張肌、肱三頭肌、三角肌。

【注意事項】未動作腿緊貼墊子。

15. 犁式背部拉伸

1

2

圖 3-72　犁式背部拉伸

【動作方法】仰臥於墊上，兩腿抬起，兩手撐腰，兩腳頭上觸地，兩臂放於墊上，保持 10～15 秒。

重複練習 3～5 組。（圖 3-72）

【練習肌肉】股二頭肌、股直肌、腹直肌、腹橫肌、腹外斜肌、腹內斜肌、三角肌。

【注意事項】頸部保持不動。

16. 跪立側彎

1   2

3

圖 3-73　跪立側彎

【**動作方法**】跪立於墊上，臀部坐於腿上，兩手扣緊向上，左臀部向左側坐下，上身側彎，左手抓住右手腕，盡量側彎拉伸，保持 10～15 秒，換另一側練習。

重複練習 3～5 組。（圖 3-73）

【**練習肌肉**】背闊肌、前鋸肌、腹橫肌、腰方肌、腹內斜肌、腹外斜肌、肱三頭肌。

【**注意事項**】上體不要前傾。

17. 肘膝對抗轉體

1

2

圖 3-74　肘膝對抗轉體

【**動作方法**】坐立於墊上，左腿屈膝貼地，右腳放於左腿外側觸地，上體正直，兩手撐地，左臂彎曲放於右腿外側，身體盡量保持正直右轉，保持 10～15 秒，換另一側練習。

重複練習 3～5 組。（圖 3-74）

【**練習肌肉**】背闊肌、腹外斜肌、斜方肌、大圓肌、臀大肌、腰方肌、三角肌。

【**注意事項**】臀部緊貼於地面。

18. 雙人坐位支腿、直臂拉伸

1

2

圖 3-75　雙人坐位支腿、直臂拉伸

【動作方法】兩人對坐於墊上，抬起雙腿保持大腿小腿成一條直線，兩人雙腳全腳掌併攏，兩手經體側相握，兩手向後牽拉，兩腳用力向前蹬，上體保持直立。（圖 3-75）

【練習肌肉】肱二頭肌、肱三頭肌、臀大肌、臀中肌、股二頭肌、大收肌、髂脛肌。

【注意事項】身體保持平衡。

19. 雙人背對跪式拉伸

1

2

圖 3-76　雙人背對跪式拉伸

【動作方法】兩人背靠背跪在訓練墊上，兩腳稍微開立，腳掌相貼，兩人肩上雙手相拉，一人向自己的方向緩慢前傾，另一人不施力，直至最大幅度，保持 5～10 秒，換另一人進行。

重複練習 3～5 組。（圖 3-76）

【練習肌肉】髂腰肌、背闊肌、闊筋膜張肌、斜方肌、腹外斜肌。

【注意事項】動作緩慢。

延伸篇
墊上與其他器械
組合訓練

一、結合平衡墊

1. 平衡墊側臥支撐

1

2

圖 4-1　平衡墊側臥支撐

【動作方法】側臥於墊上，身體成一條直線，平衡墊置於髖下，頭部與腿同時向上抬起，一手臂作為支撐，保持 5～10 秒，左右側交替進行。

重複練習 3～5 組。（圖 4-1）

【練習肌肉】腹直肌、腹外斜肌、腹橫肌、背闊肌、闊筋膜張肌、臀大肌、臀中肌、臀小肌。

【注意事項】保持固定，身體、腳不要晃動。

2. 平衡墊側支撐

1

2

圖 4-2　平衡墊側支撐

【**動作方法**】右腿跪於平衡墊上，右手臂撐地，左手放腦後，左腿側平抬起，保持 5～10 秒，兩側交替進行。

重複練習 3～5 組。（圖 4-2）

【**練習肌肉**】股直肌、股二頭肌、股外側肌、內收大肌、臀大肌、臀中肌、臀小肌、腹直肌、背闊肌、腹橫肌、腹外斜肌。

【**注意事項**】腿部控制平衡，身體保持挺直。

3. 平衡墊單腿俯臥支撐

1

2

圖 4-3　平衡墊單腿俯臥支撐

【**動作方法**】俯臥於墊上，右手左膝支撐，左膝放於平衡墊上，左手右腿抬起使身體成一條直線，左手握拳大拇指朝上，保持15～20 秒；兩側交替進行。

重複練習 3～5 組。（圖 4-3）

【**練習肌肉**】臀大肌、股二頭肌、臀中肌、三角肌、股直肌、內收大肌、闊筋膜張肌、腹直肌、腹橫肌、腹內斜肌、內收長肌。

【**注意事項**】腿部控制平衡，身體保持挺直。

4. 平衡墊仰臥支撐

1

2

圖 4-4　平衡墊仰臥支撐

【動作方法】仰臥於墊上，兩手體後支撐，右腿屈膝，右腳跟放於平衡墊上，左腿伸直，臀部用力，使身體成一條直線，保持15 秒。

兩側交替進行，重複練習 3～5 組。（圖 4-4）

【練習肌肉】臀大肌、臀中肌、腰方肌、闊筋膜張肌、腹直肌、腹橫肌、股二頭肌、三角肌、肱二頭肌。

【注意事項】腿部控制平衡，身體保持挺直。

5. 平衡墊仰臥屈膝直線撐

1

2

圖 4-5　平衡墊仰臥屈膝直線撐

【動作方法】仰臥，雙手自然放於體側，屈膝，雙腳放在平衡墊上，做挺髖練習，使軀幹和大腿成直線，保持 15～20 秒。

重複 3～5 組。（圖 4-5）

【練習肌肉】臀大肌、臀中肌、腰方肌、闊筋膜張肌、腹直肌、腹橫肌、股二頭肌、縫匠肌、內收長肌。

【注意事項】大腿後群肌肉緊張。

6. 仰臥屈膝直線撐抬腿

1

2

3

圖 4-6　仰臥屈膝直線撐抬腿

【**動作方法**】仰臥於墊上，兩手臂放於體側，屈膝、雙腳放在平衡墊上，挺髖使軀幹和大腿成一條直線，右腿屈膝向軀幹靠近直至膝蓋到達最高點，保持 10～15 秒，緩慢恢復至原始位置，兩側交替進行。

重複 3～5 組。（圖 4-6）

【**練習肌肉**】臀大肌、臀中肌、腰方肌、闊筋膜張肌、腹直肌、腹橫肌、股二頭肌、縫匠肌、內收長肌、股外側肌。

【**注意事項**】保持穩定，腹部肌肉收緊。

7. 平衡墊直線收腿

1

2

3

4

圖 4-7　平衡墊直線收腿

【動作方法】俯臥於墊上，手臂撐地，雙腳放於平衡墊上，身體成直線，收一條腿至腹部呈高抬腿姿勢，另一腳在平衡墊上不動，兩腿交替做。

重複 3～5 組。（圖 4-7）

【練習肌肉】臀小肌、臀中肌、三角肌。

【注意事項】身體保持直線運動。

8. 平衡墊直線收腿向內轉

1

2

3

圖 4-8　平衡墊直線收腿向內轉

　　【動作方法】俯臥於墊上，手臂撐地，雙腳放於平衡墊上，身體成直線，收一條腿至腹部呈高抬腿姿勢後髖部轉動，從另一條腿交叉伸向內側至最大程度，另一腳在平衡墊上不動，兩腿交替進行。

　　重複 3～5 組。（圖 4-8）

　　【練習肌肉】股二頭肌、髂腰肌、腹直肌。

　　【注意事項】身體保持直線運動。

9. 平衡墊直線收腿向外轉

1

2

3

圖 4-9　平衡墊直線收腿向外轉

【動作方法】俯臥於墊上，手臂撐地，雙腳放於平衡墊上，身體成直線，收一條腿至腹部呈高抬腿姿勢後，髖部向外側展至最大程度，另一腳在平衡墊上不動，兩腿交替進行。

重複 3～5 組。（圖 4-9）

【練習肌肉】股二頭肌、髂腰肌、腹直肌。

【注意事項】身體保持直線運動。

二、結合瑞士球

1. 仰臥夾球腹部拉伸

1

1

3

4

圖 4-10　仰臥夾球腹部拉伸

【動作方法】仰臥於墊上，目視上方，兩臂側平舉，兩腿夾球，左右擺動，使軀幹下部及髖關節左右轉動至最大程度還原，向另一側運動。（圖 4-10）

【練習肌肉】腹內斜肌、腹外斜肌。

【注意事項】保持身體平衡，上體不離開墊子。

2. 仰臥直腿夾球起

1

2

圖 4-11　仰臥直腿夾球起

【動作方法】仰臥於墊上，兩臂頸後交叉，兩腿直腿夾球，腿部和腹部發力，夾球收腹至 90°，放下還原。（圖 4-11）

【練習肌肉】臀大肌、臀中肌、臀小肌、腹直肌、髂腰肌。

【注意事項】腿部肌肉緊張，腹部肌肉收緊，眼睛注視正上方。

3. 雙肘球上斜支撐

1

2

圖 4-12　雙肘球上斜支撐

【動作方法】雙膝著於墊上，身體前傾撐於球上，雙肘向前推球至身體伸展最大程度，保持靜力不動，還原。（圖 4-12）

【練習肌肉】肱三頭肌、腹直肌、腰大肌。

【注意事項】身體保持直線，背部收緊。

4. 俯臥撐球高抬腿

1

2

圖 4-13　俯臥撐球高抬腿

【動作方法】兩腿併攏，胸部貼於球上，雙手撐於墊上，肘部緊貼於瑞士球保持穩定，雙腿及腰部發力抬起雙腿至伸展最大程度，保持、還原。（圖 4-13）

【練習肌肉】臀大肌、髂腰肌、指伸肌、背闊肌、三角肌、肱二頭肌。

【注意事項】身體保持穩定的運動，極限時有人保護，以免摔傷。

5. 俯臥撐球異側抬

1

2

3

4

圖 4-14　俯臥撐球異側抬

【動作方法】雙手撐於墊上，雙腿貼於球上，異側腿和手臂抬起成一條直線，兩腿交替進行。（圖4-14）

【練習肌肉】臀大肌、髂腰肌。

【注意事項】身體保持穩定，背部肌肉緊張，保持固定，手和腳不要晃動。

6. 直線收腿轉

1

2

3

圖 4-15　直線收腿轉

【動作方法】雙臂撐於墊上，雙腳放於球上，身體保持直線，收一條腿至腹部後髖部轉動斜向伸出前交叉於外側最大程度，反方向轉動髖部，後交叉於外側最大程度，還原交替進行。（圖 4-15）

【練習肌肉】肱二頭肌、腹直肌、髂腰肌。

【注意事項】身體保持直線，腰部固定，不要晃動。

7. 腳背貼球胸前拉伸

1

2

圖 4-16　腳背貼球胸前拉伸

【動作方法】雙手撐於墊上，雙腳置於球上，腳尖觸球呈俯臥撐姿勢，收復拉球於腹部最大程度，還原。（圖 4-16）

【練習肌肉】腹直肌、三角肌、臀大肌、肱二頭肌。

【注意事項】身體保持穩定運動，不要晃動。

8. 仰臥雙腿臀後拉伸

1

2

3

圖 4-17　仰臥雙腿臀後拉伸

【動作方法】仰臥於墊上，雙腿置於球上，雙手放於身體兩側，兩腿彎曲向臀部拉球，提臀，使大腿與臀部成一條直線，還原。（圖 4-17）

【練習肌肉】半腱肌、半膜肌、臀大肌。

【注意事項】最大幅度地屈伸。

9. 仰臥雙腿撐

1

2

圖 4-18　仰臥雙腿撐

【動作方法】仰臥於墊上，雙手側平舉，兩腿伸直，兩腳置於球上，展腹、挺髖至身體最大程度，全身穩定支撐，還原。（圖 4-18）

【練習肌肉】臀大肌、髂腰肌。

【注意事項】保持身體平衡及穩定。

10. 仰臥單腿頂髖

1

2

3

圖 4-19　仰臥單腿頂髖

【動作方法】仰臥於墊上，雙手自然放於體側，兩腿伸直，兩腳置於球上，左腿屈膝向上抬起，展腹、挺髖至身體最大程度，全身穩定支撐，還原。（圖 4-19）

【練習肌肉】臀大肌、髂腰肌。

【注意事項】保持身體平衡及穩定。

11. 俯臥拱形撐

1

2

圖 4-20　俯臥拱形撐

【動作方法】兩手撐於墊上，兩腳尖置於球上，身體呈俯臥撐姿勢，腳尖向前拉球，使球向腹部移動，同時抬臀，使臀部置於最高位置，身體呈拱形，放下還原。（圖 4-20）

【練習肌肉】臀大肌、三角肌、岡上肌、肱三頭肌。

【注意事項】保持身體穩定，保持背部和臀部發力，身體呈拱形。

三、結合實心球

1. 曲腿交叉收腹

1

2

圖 4-21　曲腿交叉收腹

【動作方法】仰臥於墊上，兩腿屈膝，雙腳併攏與地面平行，腳尖朝上，將實心球放於兩小腿之間，保持平衡，雙手十字交叉放於頭後，做仰臥起坐，慢慢恢復至原始位置，每組 10～15 個。

重複練習 3～5 組。（圖 4-21）

【練習肌肉】腹直肌、腹內斜肌、外斜肌、腹橫肌。

【注意事項】雙腿併攏，緩慢復原。

2. 仰臥傳球

1

2

圖 4-22　仰臥傳球

【**動作方法**】仰臥於墊上，兩腿屈膝，讓同伴從腳前位置將實心球傳過來，仰臥者收腹，上身抬起在胸前接球，並將球回傳給同伴，持續做 15～20 個，慢慢恢復至原始位置。

重複練習 3～5 組。（圖 4-22）

【**練習肌肉**】腹直肌、腹斜肌、髂腰肌、肩胛肌、三角肌。

【**注意事項**】臀部和腳保持穩定，注意力集中。

3. 坐撐搖擺

1

2

圖 4-23　坐撐搖擺

【動作方法】坐於墊上，雙腿併攏抬起，雙肘著地將上身撐
起，將實心球放於兩膝蓋之間，雙腿左右緩慢擺動，並保持球的穩
定，左右交換 30 次。

重複練習 3～5 組。（圖 4-23）

【練習肌肉】腹直肌、腹斜肌、腰方肌、斜方肌、背闊肌。

【注意事項】保持雙腿高度不變，勾腳尖。

4. 夾球收腹

1

2

圖 4-24　夾球收腹

【**動作方法**】坐於墊上，雙手觸墊直臂支撐，兩腿屈膝，兩膝
夾球離開墊子，做收腹動作，持續 15～20 秒。

重複練習 3～5 組。（圖 4-24）

【**練習肌肉**】腹直肌、腹外斜肌、腹橫肌、闊筋膜張肌、股直
肌、股二頭肌、內收長肌、內收大肌。

【**注意事項**】上體保持穩定。

5. 坐撐轉體

1

2

圖 4-25　坐撐轉體

【動作方法】坐於墊上，兩腿屈膝，雙腳著地，軀幹向後仰至自身控制的最大限度，手持實心球，做連續左右轉體 15 ～20 次。

重複練習 3 ～5 組。（圖 4-25）

【練習肌肉】腹直肌、腹內斜肌、腹橫肌、腹外斜肌、髂腰肌、腰方肌、背闊肌、斜方肌、三角肌、肱二頭肌。

【注意事項】每次動作盡量使球觸墊。

6. 直腿坐撐轉體

1

2

圖 4-26　直腿坐撐轉體

【動作方法】坐於墊上，雙腳離墊，兩腿伸直，腹肌收緊，臀部觸墊，軀幹向後仰至自身控制的最大限度，手持實心球，做連續左右轉體 15～20 次。

重複練習 3～5 組。（圖 4-26）

【練習肌肉】背闊肌、腹直肌、臀大肌、臀中肌、股直肌、股二頭肌、三角肌、大圓肌、闊筋膜張肌。

【注意事項】雙腿保持伸直。

7. 仰撐穩定

1

2

圖 4-27　仰撐穩定

【**動作方法**】坐於墊上，手臂體後支撐，指尖朝前，腳跟觸地，腳尖朝前，髖關節用力將臀部抬起，使軀幹、髖、大腿所成直線與地面平行，將實心球放於兩腿之間，保持 15～20 秒。

重複練習 3～5 組。（圖 4-27）

【**練習肌肉**】腹直肌、腹橫肌、腹外斜肌、闊筋膜張肌、臀大肌、臀中肌、臀小肌、股直肌、股二頭肌、腰方肌、背闊肌。

【**注意事項**】腳尖朝前，避免觸地。

8. 仰臥直腿撐球

1

2

圖 4-28 仰臥直腿撐球

【動作方法】仰臥於墊上，兩臂自然放於體側，雙腿併攏，直腿抬起至 90°，勾腳尖，將實心球放於兩腳心處，保持 15～20 秒。

重複練習 3～5 組。（圖 4-28）

【練習肌肉】臀大肌、臀中肌、臀小肌、闊筋膜張肌、股直肌、股二頭肌、內收大肌、內收長肌、股外側肌。

【注意事項】兩腿併攏，勾腳尖。

9. 俯臥直臂單腿側擺

1

2

圖 4-29　俯臥直臂單腿側擺

【動作方法】俯臥於墊上，雙手雙腿支撐，使得軀幹部位與地面平行，將實心球放於腰部，慢慢地抬起右腿，向右側擺動到個人最大限度，保持 15～20 秒，緩慢放下，換另一側練習。

重複練習 3～5 組。（圖 4-29）

【練習肌肉】臀大肌、股二頭肌、臀中肌、三角肌、大收肌、腹直肌。

【注意事項】動作緩慢平穩，避免球掉落。

10. 直腿仰臥起坐

1

2

圖 4-30　直腿仰臥起坐

【**動作方法**】仰臥於墊上，兩腿伸直，腳尖朝上，手持實心球，手臂上舉，做仰臥起坐，將球放置在雙腿一側，做連續左右交替 15～20 次。

重複練習 3～5 組。（圖 4-30）

【**練習肌肉**】腹直肌、腹內斜肌、外斜肌、腹橫肌、腰方肌、闊筋膜張肌、臀大肌、臀中肌、臀小肌、股直肌。

【**注意事項**】雙腿保持伸直。

四、結合啞鈴訓練

1. 收腹提肩

1

2

圖 4-31　收腹提肩

【**動作方法**】仰臥於墊上，兩腿屈膝，兩手握啞鈴放於胸前，做仰臥起坐，慢慢恢復至原始位置，每組 10～15 個。

重複練習 3～5 組。（圖 4-31）

【**練習肌肉**】腹直肌、腹內斜肌、外斜肌、腹橫肌。

【**注意事項**】雙腿併攏，緩慢復原。

2. 啞鈴前推舉

1

2

3

圖 4-32　啞鈴前推舉

【動作方法】跪撐於墊上，上體保持正直，雙手各持一個啞鈴，掌心向上，直臂向上推舉啞鈴，每組 5～15 個。

重複練習 3～5 組。（圖 4-32）

【練習肌肉】三角肌、肱二頭肌、大圓肌、斜方肌、豎脊肌。

【注意事項】推舉至頭頂處，掌心相對。

3. 仰臥直臂上拉

1

2

3

圖 4-34　仰臥直臂上拉

【動作方法】仰臥於墊上，雙腿屈膝，手臂伸直，兩手體前內旋虎口處拖住啞鈴一端，掌心向上，做直臂上拉動作，直至啞鈴觸地，持續做 15～20 個。

重複練習 3～5 組。（圖 4-33）

【練習肌肉】三角肌、肱二頭肌、大圓肌、斜方肌、豎脊肌。

【注意事項】身體緊貼墊子，避免胸部抬起。

4. 負重仰臥起坐

1   2

3

圖 4-34　負重仰臥起坐

【動作方法】仰臥於墊上，雙腿屈膝，雙手握住一個啞鈴放於胸部，腰腹用力，將上半身抬起約 45°。緩慢恢復至原始位置，持續 15～20 次。

重複練習 3～5 組。（圖 4-34）

【練習肌肉】腹直肌、腹外斜肌、大圓肌、背闊肌、腰方肌。

【注意事項】雙腳和臀部始終緊貼墊子。

5. 直臂俯臥三點支撐

1

2

圖 4-35　直臂俯臥三點支撐

【動作方法】俯臥於墊上，兩手臂伸直，手掌撐地，兩腳尖撐地、背與兩腿保持伸直在同一平面，右手手握啞鈴，向右做直臂上拉，持續 10～15 個，緩慢放下，換另一側練習。

重複練習 3～5 組。（圖 4-35）

【練習肌肉】胸大肌、腹直肌、背闊肌、股直肌、股外側肌、闊筋膜張肌、脛骨前肌、腓骨肌。

【注意事項】脊柱與雙腿保持在同一平面，動作緩慢進行。

6. 側跪展腰

1

2

圖 4-36　側跪展腰

【動作方法】跪坐於墊上，將臀部坐在右腿外側的墊子上，左手握住左腳踝，右手手持啞鈴高舉過頭頂，向上伸展手臂，將手臂自右向左壓至個人最大限度，保持 10～15 秒，緩慢恢復至原始位置，換另一側練習。

重複練習 3～5 組。（圖 4-36）

【練習肌肉】腹外斜肌、闊筋膜張肌、腹直肌、背闊肌、三角肌、肱二頭肌。

7. 跪坐前傾直臂上拉

1   2

3

圖 4-37　跪坐前傾直臂上拉

【動作方法】跪立於墊子上，雙腿盡量打開，膝關節觸墊，臀部盡量靠近腳後跟，目視前方，軀幹直立前傾，兩手握啞鈴直臂前伸，用腰部的力量前後顫動，保持 20～30 秒。

重複練習 3 組。（圖 4-37）

【練習肌肉】臀大肌、臀中肌、臀小肌、背闊肌、豎脊肌、三角肌、肱二頭肌。

【注意事項】軀幹伸直，手臂穩定。

8. 俯臥繃伸

1

2

圖 4-38　俯臥繃伸

【動作方法】俯臥於墊上，雙腿併攏，腳背繃直，額頭貼墊，兩手握啞鈴直臂放於體側，用脊背的力量使手臂後伸，頭部抬起，腹部貼墊，保持 10～15 秒。

重複練習 3～5 組。（圖 4-38）

【練習肌肉】背闊肌、腰方肌、斜方肌、豎脊肌、大圓肌、三角肌、肱二頭肌、腹直肌。

【注意事項】繃緊腳背，頭部肌肉放鬆。

9. 馬踏飛燕

1

2

圖 4-39　馬踏飛燕

【**動作方法**】雙腿伸直站立在墊上，雙手握啞鈴向上伸直，掌心相對，軀幹與手臂向前延伸，左腿向後提起，直至左腿和軀幹與地面平行，手臂側平舉，掌心向下，保持 10～15 秒，緩慢恢復至原始位置，換另一側練習。

重複練習 3～5 組。（圖 4-39）

【**練習肌肉**】股直肌、股二頭肌、內收長肌、股外側肌、縫匠肌、股內側肌、比目魚肌、腓腸肌、三角肌、肱二頭肌、菱形肌。

【**注意事項**】保持平衡，注意安全。

10. 跪姿後伸

1

2

圖 4-40　跪姿後伸

【**動作方法**】跪坐於墊上，軀幹伸直，兩手後背虎口相對，手握啞鈴，掌心朝上，眼睛平視前方，緩慢向後伸直，保持 10 ～15 秒，緩慢恢復至原始位置。

重複練習 3 組。（圖 4-40）

【**練習肌肉**】肱二頭肌、三角肌、菱形肌、斜方肌、豎脊肌。

【**注意事項**】腰部伸直，避免彎曲。

11. 單膝跪姿臂屈伸

1

2

3

4

圖 4-41　單膝跪姿臂屈伸

【動作方法】右腿單膝跪立於墊上，左腿成弓步，上體略前傾，腰部和背部保持挺直，右手持啞鈴，肘關節向上抬高，慢慢將右小臂向後上方抬起，做臂屈伸練習，持續 15～20 次，緩慢恢復至原始位置，換另一側練習、重複 3～5 組。（圖 4-41）

【練習肌肉】三角肌、肱二頭肌、肱三頭肌、大圓肌、小圓肌。

【注意事項】肘關節盡量向上抬高，動作過程中大臂保持不動。

12. 俯臥腿屈伸

1

2

3

圖 4-42　俯臥腿屈伸

【動作方法】俯臥於墊上，兩手疊放於下巴處支撐頭部，兩腿併攏，兩腳夾緊啞鈴，大腿緊貼墊子，屈膝將雙腳離地，直至與地面垂直，持續 15～20 次。

重複 3～5 組。（圖 4-42）

【練習肌肉】股二頭肌、股外側肌、比目魚肌、股直肌、內收大肌。

【注意事項】兩腳註意夾緊啞鈴，慢起慢下。

13. 交替單手單腳起

1

2

3

圖 4-43　交替單手單腳起

【動作方法】仰臥於墊上，雙手各持一個啞鈴平放於頭頂墊上，雙腿併攏伸直，提右腳，擺左臂，頭部微抬，保持 15～20秒，緩慢恢復至原始位置，換另一側進行。

重複 3～5 組。（圖 4-43）

【練習肌肉】腹直肌、腹外斜肌、腹橫肌、臀大肌、臀中肌、臀小肌、腰方肌、三角肌、肱二頭肌。

【注意事項】手臂、臀部保持伸直。

14. 跪姿俯地挺身

1

2

圖 4-44　跪姿俯地挺身

【**動作方法**】跪立於墊上，腰背挺直，雙手持啞鈴放於體前，兩臂打開略比肩寬，做俯地挺身 10～15 次。

重複 3～5 組。（圖 4-44）

【**練習肌肉**】胸大肌、三角肌、肱二頭肌、背闊肌、大圓肌。

【**注意事項**】臀部不要翹起、背挺直，俯地時肩盡量比肘低。

五、結合橡皮帶

1. 雙腿懸空仰臥收腹

1

2

圖 4-45　雙腿懸空仰臥收腹

【**動作方法**】仰臥於墊上，大腿、小腿、髖部保持 90°，彈力帶環繞於雙手手掌與背部，雙臂伸直使彈力帶呈繃緊狀態。身體緩慢向上收腹直至最大限度，然後緩慢恢復至原始位置。（圖 4-45）

【**練習肌肉**】腹直肌、背闊肌。

【**注意事項**】雙臂保持直臂，兩腿穩定。

2. 上體懸空雙臂直臂前擺

1

2

圖 4-46　上體懸空雙臂直臂前擺

【動作方法】兩腿跪立於墊上，上體前傾，彈力帶環於雙手手掌間，彈力帶呈繃緊狀態。雙臂保持直臂緩慢向前上方擺動至最大幅度，然後緩慢恢復至原始位置。（圖 4-46）

【練習肌肉】背闊肌、三角肌、肱三頭肌。

【注意事項】上體保持穩定。

3. 側橋向上擺腿

1

2

圖 4-47　側橋向上擺腿

【動作方法】側臥於墊上，一肘支撐上體，雙腿伸直，彈力帶環繞於雙腳腳踝上方，彈力帶呈繃緊狀態，頂髖使身體在一條直線上，單腿直腿緩慢向上擺動，然後緩慢恢復至原始位置。（圖4-47）

【練習肌肉】腓骨長肌、髂腰肌、股四頭肌。

【注意事項】支撐腿保持穩定。

4. 背橋單腿上擺

1

2

圖 4-48　背橋單腿上擺

【動作方法】仰臥於墊上，身體呈背橋狀態，雙腿保持直腿，腳尖與雙肘支撐於地面，彈力帶環繞於雙腳腳踝上方，彈力帶呈繃緊狀態，抬頭。單腿直腿緩慢向上擺動，然後緩慢恢復至原始位置。雙腿交替向上擺動。（圖 4-48）

【練習肌肉】肱二頭肌、腓腸肌、臀大肌。

【注意事項】支撐腿保持穩定。

5. 俯地挺身

1

2

圖 4-49　俯地挺身

【動作方法】俯臥於墊上，兩手手掌緊握彈力帶作為支撐點，彈力帶呈繃緊狀態，手指向前，雙臂直臂展開，與肩同寬，頭、背部、腰部和臀部呈一條直線。肘部用力，屈臂運動，直至大臂與小臂成 90°，然後緩慢恢復至原始位置。（圖 4-49）

【練習肌肉】胸肌、肱三頭肌、腹部肌肉。

【注意事項】彈力帶力度適宜。

6. 單膝跪姿向上屈臂擺動

1

2

圖 4-50　單膝跪姿向上屈臂擺動

【**動作方法**】弓步於墊上，雙手緊握彈力帶於體前兩側，彈力帶呈繃緊狀態，拳心向上，背部挺直，收緊腹部。小臂用力，雙臂做向上屈臂擺動，直至小臂與大臂呈最小角度，然後緩慢恢復至原始位置。（圖 4-50）

【**練習肌肉**】橈側腕屈肌腱、肱橈肌、肱二頭肌。

【**注意事項**】右腿膝蓋垂直面不能超過右腳尖，上體保持直立。

7. 單膝跪姿雙臂向上直臂擺動

1

2

圖 4-51　單膝跪姿雙臂向上直臂擺動

　　【動作方法】弓步於墊上，雙手緊握彈力帶於體前兩側，彈力帶呈繃緊狀態，手背向上，背部挺直，收緊腹部。雙臂保持直臂向前上方擺動至頭部兩側，雙臂與身體呈一條直線，然後緩慢恢復至原始位置。（圖 4-51）

　　【練習肌肉】肱三頭肌、斜方肌。

　　【注意事項】雙臂保持直臂，右腿膝蓋垂直面不能超過右腳尖，上體保持直立。

8. 單膝跪姿雙臂側平舉

1

2

圖 4-52　單膝跪姿雙臂側平舉

【**動作方法**】弓步於墊上，雙手緊握彈力帶於體前兩側，彈力帶呈繃緊狀態，手背向上，背部挺直，收緊腹部。雙臂保持直臂，分別於身體兩側向上擺動至與肩橫軸平行，然後緩慢恢復至原始位置。（圖 4-52）

【**練習肌肉**】斜方肌、三角肌、肘肌。

【**注意事項**】雙臂保持直臂，右腿膝蓋垂直面不能超過右腳尖，上體保持直立。

9. 單膝跪姿單腿後蹬

1

2

圖 4-53　單膝跪姿單腿後蹬

【動作方法】跪撐於墊上，兩臂直臂支撐於地面，指尖向前，彈力帶分別繞過右腿膝蓋上方和左腳底，彈力帶呈繃緊狀態，大腿、髖部、小腿保持 90°。左腿緩慢做向後蹬伸動作，直至左腿蹬直，然後緩慢恢復至原始位置。（圖 4-53）

【練習肌肉】臀大肌、趾長伸肌腱、肱二頭肌、半腱肌。

【注意事項】頭部與上體保持一條直線，不能塌腰，左腿蹬伸時，髖不要隨之轉動。

10. 單膝跪姿髖部外展

1

2

圖 4-54　單膝跪姿髖部外展

【動作方法】跪撐於墊上，兩臂直臂支撐於地面，指尖向前，彈力帶分別繞過兩腿膝蓋上方，彈力帶呈繃緊狀態，大腿、髖部、小腿保持 90°。左腿緩慢做外展動作，直至左腿與髖部呈水平狀態，然後緩慢恢復至原始位置。（圖 4-54）

【練習肌肉】髂腰肌、股外側肌、縫匠肌。

【注意事項】頭部與上體保持一條直線，不能塌腰，左腿外展時，身體不要隨之轉動。

六、結合懸吊訓練

1. 雙肘支撐懸吊單腿外展

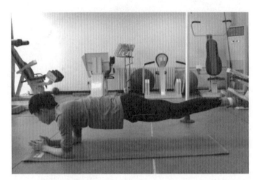

1

2

圖 4-55　雙肘支撐懸吊單腿外展

【動作方法】俯臥於墊上，將吊環套在一腳腳面，雙肘支撐固定，軀體正直，保持身體水平成一條直線，另一側腿緩慢外展至最大。（圖 4-55）

【練習肌肉】肱三頭肌、髂腰肌、三角肌、臀大肌。

【注意事項】整個動作過程緩慢，軀體保持水平，避免塌腰。

2. 懸吊雙腿雙臂靜力支撐

1

2

圖 4-56　懸吊雙腿雙臂靜力支撐

【動作方法】俯臥於墊上，將吊環套在雙腳腳面。雙臂伸直支撐，軀體正直，伸直雙腿，兩腳併攏。保持身體水平成一條直線，目視前方，緩慢抬起一側手臂向前水平伸直。（圖 4-56）

【練習肌肉】豎脊肌、三角肌、股四頭肌、肱三頭肌、腹內斜肌、腹外斜肌。

【注意事項】整個動作過程緩慢，軀體保持水平，避免塌腰。

3. 懸吊單腿單臂靜力支撐

1

2

圖 4-57　懸吊單腿單臂靜力支撐

【動作方法】俯臥於墊上，將吊環套在一腳腳面。雙臂伸直支撐，軀體正直，伸直雙腿，兩腳併攏。保持身體水平成一條直線，目視前方，緩慢抬起一側手臂，向前水平伸直，保持 30～45 秒，換另一側練習，重複 3～5 組。（圖 4-57）

【練習肌肉】豎脊肌、多裂肌、股四頭肌、肱三頭肌、腹內斜肌、腹外斜肌。

【注意事項】整個動作過程中，軀體保持水平，避免塌腰。

4. 懸吊雙腿單肘靜力支撐

1

2

圖 4-58　懸吊雙腿單肘靜力支撐

【動作方法】俯臥於墊上，將吊環套於雙腳腳面。雙臂屈肘支撐，伸直雙腿，兩腳併攏，軀體正直。保持身體水平成一條直線，目視前方，緩慢抬起一側手臂向前水平伸直，保持 45～60 秒，換另一側練習。

重複 3～5 組。（圖 4-58）

【練習肌肉】豎脊肌、多裂肌、股四頭肌、肱三頭肌、腹內斜肌、腹外斜肌。

【注意事項】整個動作過程中，軀體保持水平，避免塌腰。

5. 懸吊單腿仰臥上擺

1

2

圖 4-59　懸吊單腿仰臥上擺

【**動作方法**】仰臥於墊上，將懸吊環掛於一側腳跟，雙臂緊貼墊子，懸吊腿緩慢屈膝達到直角後保持穩定，提髖，另一腿緩慢上擺約 30°，保持 5～10 秒，換另一側練習。

重複 3～5 組。（圖 4-59）

【**練習肌肉**】豎脊肌、半膜肌、股二頭肌、腓腸肌、股四頭肌。

【**注意事項**】肩部固定，動作腿不外展。

6. 滑輪懸掛俯地挺身

1

2

圖 4-60　滑輪懸掛俯地挺身

【動作方法】身體前傾，曲臂握懸掛環於胸前，雙腳開立，與肩同寬。屈臂下壓，身體直立懸掛。緩慢還原動作。重複 3～5 組。（圖 4-60）

【練習肌肉】腹直肌、肱二頭肌、腹外斜肌、胸大肌。

【注意事項】整個動作過程中，雙臂均勻發力，軀體保持平直。

7. 懸吊雙腿肘支撐收腹

1

2

圖 4-61　懸吊雙腿肘支撐收腹

【**動作方法**】俯臥於墊上，將懸吊環套住雙腳腳面，兩肘曲臂支撐，保持身體在一條直線上，腳背緊貼懸吊環，緩慢收腹，保持5～10秒，緩慢恢復至原始位置。

重複3～5組。（圖4-61）

【**練習肌肉**】腹直肌、豎脊肌、多裂肌、三角肌。

【**注意事項**】雙肘固定，動作過程中雙腿伸直後收腹。

整理篇
助力牽拉與再生訓練

1. 脊背牽拉

1

2

圖 5-1　脊背牽拉

【**動作方法**】雙腿併攏，腳背朝下，跪坐於墊上，兩手直臂前伸打開肩寬節，背部盡量伸直，同伴在其側面，用兩小臂在運動員肩部和腰底平行施力，輔助其進行腰部牽拉，保持 5～10 秒。

重複 3～5 組。（圖 5-1）

【**練習肌肉**】豎脊肌、背闊肌、斜方肌、三角肌、臀中肌、背短肌、上後鋸肌、下後鋸肌、頭夾肌、頸夾肌、骶棘肌、橫突棘肌、菱形肌。

【**注意事項**】頭部放平，背部伸直。

2. 腰部牽拉

圖 5-2　腰部牽拉

【動作方法】俯臥於墊上，利用手臂的力量將身體推立起來，肩膀向下沉，髖下沉，抬頭目視前方，同伴在其側面，兩手掌重疊，放於運動員腰部施適當力下壓輔助其牽拉，保持 5～10 秒。

重複 3～5 組。（圖 5-2）

【練習肌肉】豎脊肌、臀大肌、臀中肌、背闊肌、菱形肌、腹內斜肌、腹外斜肌、腰方肌。

【注意事項】緩慢施力。

3. 側腰牽拉

1

2

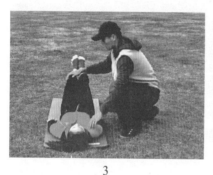
3

4

圖 5-3　側腰牽拉

【動作方法】仰臥於墊上，兩手自然放於體側，屈膝抬起雙腿，軀幹與大腿、大腿與小腿各呈 90°，同伴在其體側，一手控制肩部，一手控制同側腿膝部，施力兩側牽拉，保持 5～10 秒，換另一側練習。

重複 3～5 組。（圖 5-3）

【練習肌肉】腹直肌、腹外斜肌、腹內斜肌、臀大肌、臀中肌。

【注意事項】運動員兩腿略用力，避免兩腿分開。

4. 髖部牽拉 1

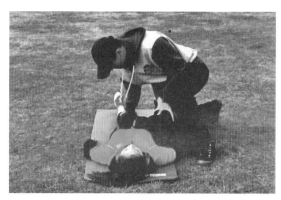

1

2

圖 5-4　髖部牽拉 1

【動作方法】仰臥於墊上，兩手自然放於體側，右腿大小腿摺疊屈膝，左腿伸直，同伴一隻手控制左腿膝蓋，一手控制右腿膝蓋，向前後施力牽拉直至最大，保持 5〜10 秒，換另一側練習。

重複 3〜5 組。（圖 5-4）

【練習肌肉】臀大肌、臀小肌、臀中肌、髂腰肌、股二頭肌、豎脊肌、股直肌、闊筋膜張肌、縫匠肌、長收肌。

【注意事項】左腿伸直。

5. 髖部拉伸 2

1

2

圖 5-5　髖部拉伸 2

【動作方法】仰臥於墊上，兩手自然放於體測，兩腿屈膝腳心相對，盡量靠近臀部，同伴在其體前，雙手分別控制一側膝蓋向兩側施力牽拉，保持 5～10 秒，換另一側練習。

重複 3～5 組。（圖 5-5）

【練習肌肉】闊筋膜張肌、髂腰肌、縫匠肌、股四頭肌。

【注意事項】施力時力度控制適度，避免拉傷。

6. 臀部拉伸

1

2

圖 5-6　臀部拉伸

【動作方法】仰臥於墊上，右腿屈膝將腳踝外側放於左腿大腿
上部，左腿屈膝摺疊，同伴握住其左腳，一手控制右腿，另一手控
制左腳向軀幹施力至最大，保持 5～10 秒，換另一側練習。

重複 3～5 組。（圖 5-6）

【練習肌肉】臀大肌、臀中肌、臀小肌、股四頭肌、闊筋膜張
肌、股直肌、梨狀肌。

【注意事項】緩慢施力。

7. 大腿後群後側牽拉

1

2

圖 5-7　大腿後群後側牽拉

【動作方法】仰臥於墊上，兩手自然放於體側，左腿伸直抬起，右腿伸直放於墊上，同伴左腿鎖住運動員右腿，右手控制左腿膝蓋，左手控制左腳，向前施力牽拉直至最大，保持 5～10 秒，換另一側練習。

重複 3～5 組。（圖 5-7）

【練習肌肉】臀大肌、臀中肌、股二頭肌、大收肌、髂脛肌。

8. 大腿後群內側牽拉

1

2

圖 5-8　大腿後群內側牽拉

【動作方法】仰臥於墊上，兩手自然放於體側，左腿伸直抬起，右腿伸直放於墊上，同伴左手控制左腿膝蓋，右手控制左腳，向右下施力牽拉直至最大，保持 5～10 秒，換另一側練習。

重複 3～5 組。（圖 5-8）

【練習肌肉】臀大肌、臀中肌、股二頭肌、大收肌、髂脛肌。

【注意事項】施力緩慢適當。

9. 大腿後群外側牽拉

1

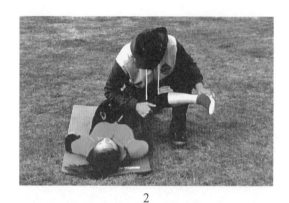

2

圖 5-9　大腿後群外側牽拉

【動作方法】仰臥於墊上，兩手自然放於體側，左腿伸直抬起，右腿伸直放於墊上，同伴右腿鎖住運動員右腿，右手控制左腿膝蓋，左手控制左腳，向左下施力牽拉直至最大，保持 5～10 秒，換另一側練習。

重複 3～5 組。（圖 5-9）

【練習肌肉】臀大肌、臀中肌、股二頭肌、大收肌、髂脛肌。

【注意事項】施力緩慢適當。

10. 跟腱牽拉

1

2

圖 5-10　跟腱牽拉

【動作方法】仰臥於墊上，兩手自然放於體側，左腿伸直抬起約 60°，右腿伸直放於墊上，同伴左手從腳尖前握住腳掌，右手握住左腳跟，輔助右手適當施力下壓牽拉跟腱，保持 5～10 秒，換另一側練習。

重複 3～5 組。（圖 5-10）

【練習肌肉】跟腱。

【注意事項】施力者手掌與運動員腳掌相對，按壓方向放正。

11. 大腿前群牽拉

1

2

圖 5-11　大腿前群牽拉

【動作方法】俯臥於墊上，右腿屈膝，左腿伸直，同伴在其體後，將運動員右腿膝蓋放於同伴的大腿上支撐，左手握住腳踝，右手握住腳掌，壓腳掌上提運動員大腿至適當位置，保持 5～10 秒，換另一側練習。

重複 3～5 組。（圖 5-11）

【練習肌肉】股四頭肌、股直肌、縫匠肌。

【注意事項】腳掌放正。

12. 腹斜肌牽拉

1

2

圖 5-12　腹斜肌牽拉

【動作方法】俯臥於墊上，左腿伸直抬起，右腿伸直放於墊上，同伴右手與髖部鎖住左腿膝蓋，左手控制運動員左肩，向右下施力牽拉直至適當位置，保持 5～10 秒，換另一側練習。

重複 3～5 組。（圖 5-12）

【練習肌肉】腹斜肌、前鋸肌、闊筋膜張肌。

【注意事項】運動員左腿伸直，施力適當。

遊戲篇

一、舖石過河

【活動目的】鍛鍊上肢、核心力量以及上下肢協調配合的能力。

【活動準備】墊子 4 塊，將學生分成人數相等的兩隊，每隊兩塊墊子，畫出寬 20 公尺的河。

【活動方法】每個隊員在規定的地點手拿兩塊墊子站在「河邊」，發令後將手中的一個小墊放入「河中」並爬在上面，然後把另一個小墊放在前面對接位置，並爬上墊，爬穩後再回身拿起後一小墊繼續前進，如此交替輪換前移，直至對岸後拿起兩塊墊子跑回交給同組下一名隊員，以此類推，直至最後一名隊員完成。用時最短隊伍獲勝。

【活動規則】在遊戲過程中始終保持墊子相互對接，只有墊子完全離開規定河區域，方可認為這名隊員完成遊戲。

二、翻滾接力

【活動目的】發展學生的靈敏性、柔韌性及協調性等身體素質。

【活動準備】墊子 20 塊，將學生分成人數相等的兩隊，每隊 10 塊墊子；將每 10 塊墊子圍成角相接且半徑相同的圓。

【活動方法】每個隊員在規定的墊子上做連續前滾翻準備，老師站在兩圓中間位置宣佈開始，每個隊員做完一圈後同另一個隊員拍手為完成遊戲，以此類推，直至最後一名隊員完成。用時最短隊伍獲勝。

【活動規則】在遊戲過程中，始終保持在墊子上，如果掉下則從掉下那塊墊子繼續開始遊戲。

三、絕處逢生

【活動目的】發展學生快速反應能力，提高身體靈敏性。

【活動準備】以每班 20 名同學為例，將學生分成人數相等的兩隊，墊子 19 塊，擺成不同的形狀（各形狀之間便於學生跑動）。

【活動方法】學生一路縱隊做曲線慢跑，行進間做徒手體操和各種不同的動作，同時認真聽教師的不同信號，如聽到哨聲迅速改變跑動方向，聽到教師口令 1 時，迅速搶坐一塊小墊子，先坐到小墊子的為獲勝者，比賽中沒搶到小墊子的將被淘汰，然後讓小墊子的數量比人數少一塊並重新擺好形狀，繼續進行比賽，在規定的輪次和時間內，看哪一隊剩下的隊員多為勝。

【活動規則】按口令進行遊戲，在遊戲過程中不允許擠掉已經搶占到墊子的同學。

四、袋鼠賽跑

【活動目的】發展學生的腿部力量和快速奔跑跳躍的能力。

【活動準備】將學生分成人數相等的兩隊，每隊給予相同數量的小墊子，將小墊子摺疊成倒 V 字形，擺成不同的高度、不同的遠度，但兩隊擺放應相同。

【活動方法】每個隊員在規定的地點同時開始，學生根據自己不同的跳躍能力，選擇不同的跳躍難度，學生還可嘗試不同的跳躍方法，如單腳跳、雙腳收腹跳、跳起空中轉身等多種跳躍方法完成遊戲，當學生完成最後一塊墊子後跑回隊伍同另一個隊員拍手為完成遊戲，以此類推，直至最後一名隊員完成。用時最短隊伍獲勝。

【活動規則】活動過程中不得觸碰墊子，觸碰者在觸碰墊子前開始遊戲。

五、搬運工

【活動目的】發展學生反應、移動、協調用力和團結合作的能力。

【活動準備】將學生分成人數相等的兩隊，每隊每兩名學生一塊體操墊，每隊 10 個足球。

【活動方法】在籃球場每半場的罰球半圓中放置每邊的 10 個足球，學生站在自己的區域內，聽到老師口令後將自己區域內的球用墊子運至對方區域，運至中線時可將球用墊子彈至對方區域。在規定時間內，哪邊剩餘球最少，哪支隊伍獲勝。

【活動規則】球在運送過程中掉落時需撿起從掉落處繼續遊戲，遊戲過程中不能用腳踢球，否則罰下隊員。

歡迎至本公司購買書籍

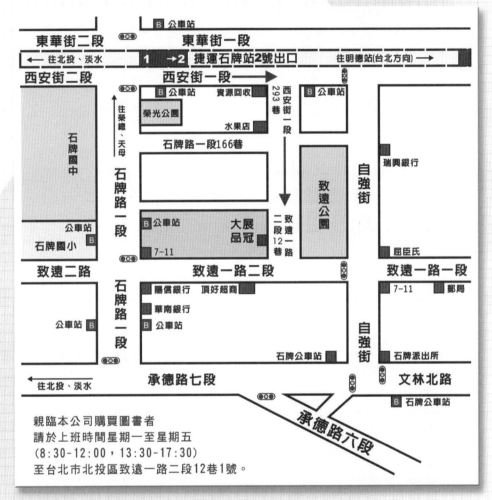

親臨本公司購買圖書者
請於上班時間星期一至星期五
(8：30-12：00，13：30-17：30)
至台北市北投區致遠一路二段12巷1號。

建議路線
1. 搭乘捷運
　　淡水信義線石牌站下車，由月台上二號出口出站，二號出口出站後靠右邊，沿著捷運高架往台北方向走(往明德站方向)，其街名為西安街，約80公尺後至西安街一段293巷進入(巷口有一公車站牌，站名為自強街口，勿超過紅綠燈)，再步行約200公尺可達本公司，本公司面對致遠公園。

2. 自行開車或騎車
　　由承德路接石牌路，看到陽信銀行右轉，此條即為致遠一路二段，在遇到自強街(紅綠燈)前的巷子左轉，即可看到本公司招牌。

國家圖書館出版品預行編目資料

墊上功能性組合訓練／李建臣、周建梅、譚正則主編.
——初版，——臺北市，大展，2019 [民 108.03]
　　面；23公分——（體育教材；18）
　　ISBN　978-986-346-214-9（平裝附影音數位光碟）
　　1.運動訓練　2.體能訓練
528.923　　　　　　　　　　　　　　　　　107023892

墊上功能性組合訓練 附DVD

主 編 者／李建臣、周建梅、譚正則
責任編輯／王英峰
發 行 人／蔡森明
出 版 者／大展出版社有限公司
社　　　址／臺北市北投區（石牌）致遠一路2段12巷1號
電　　　話／（02）28236031，28236033，28233123
傳　　　真／（02）28272069
郵政劃撥／01669551
網　　　址／www.dah-jaan.com.tw
E-mail／service@dah-jaan.com.tw
登 記 證／局版臺業字第 2171 號
承 印 者／傳興印刷有限公司
裝　　　訂／眾友企業公司
排 版 者／菩薩蠻數位文化有限公司
授 權 者／北京人民體育出版社
初版1刷／2019年（民108）3月

定價／420元

大展好書　好書大展
品嘗好書　冠群可期